ENGAGEMENT

"GARDER SES OPTIONS OUVERTES PEUT SEMBLER
UNE MAUVAISE STRATÉGIE EN TERME DE RENCONTRES
SENTIMENTALES, MAIS EN FAIT C'EST UNE FABULEUSE
STRATÉGIE DE GESTION DE PROJET.
IL EST PARTICULIÈREMENT EXCITANT DE VOIR CES IDÉES
PRENDRE FORME DANS CETTE BANDE DESSINÉE."

MARTHA AMRAM
AUTEUR DES BEST SELLERS "REAL OPTIONS" ET "VALUE SWEEP"

"LES ÉQUIPES PROJET ONT SOUVENT DU MAL À S'APPROPRIER
LES "BONNES PRATIQUES", PARCE QU'ELLES SONT EXPLIQUÉES DANS
DES LIVRES HOSTÈRES, VERBEUX ET ENNUYEUX REMPLIS DE JARGONS
INABORDABLES ET DE NOTIONS TROP COMPLEXES.
C'EST VRAIMENT DOMMAGE, PARCE QUE LES PRATIQUES DÉCRITES
DANS CETTE HISTOIRE PASSIONNANTE ET DIRECTE SONT
APPLICABLES À N'IMPORTE QUEL PROJET.
HAUTEMENT RECOMMANDÉ."

LUKE HOHMANN
FONDATEUR ET CEO DE INNOVATION GAMES® COMPANY

"LES AUTEURS ONT DÉFINI UN NOUVEAU STANDARD :
LES LIVRES PROFESSIONNELS PEUVENT NE PAS ÊTRE ENNUYEUX !"

HENRIK KNIBERG
AUTEUR DES BESTSELLERS "SCRUM ET XP DANS LES TRANCHÉES"
ET "LEAN DANS LES TRANCHÉES"

"CE SUJET IMPORTANT EST PRÉSENTÉ
D'UNE FAÇON PRENANTE PAR DEUX PERSONNES
QUI LE CONNAISSENT PAR COEUR !
A LIRE ABSOLUMENT !
VOUS NE POURREZ PAS LE REPOSER AVANT DE L'AVOIR FINI."

POLLYANNA PIXTON
CEO DE ACCELINNOVA

ENGAGEMENT

OLAV MAASSEN
CHRIS MATTS
CHRIS GEARY

HtB

Hathaway te Brake Publications
Amsterdam - London

ISBN: 978-94-6241-004-6

Première publications aux Pays Bas en 2013
par Hathaway te Brake Publications.

Première impression Février 2016

Version 1.0.2 (Chicago presse)

Traduction en français par Pierre Fauvel et Franck Depierre

Conception de la couverture : Chris Geary avec O. Maassen & C. Matts

CHAPITRE UN

DAVID JOHSON
CHEF DE PROJET

12

NOUS AVONS FAIT LE TOUR.
ASSURE-TOI QUE TOUT EST PRÉPARÉ POUR MERCREDI
AUCUN PROBLÈME.
ASSURE-TOI QUE L'ENVIRONNEMENT DE TEST EST PRÊT CE SOIR.
ASSURE-TOI QUE CECI EST TERMINÉ.
DIS MOI QUAND C'EST FINI.
CLKK CLKK CLKK CLKK CLKK CLKK CLKK CLKK CLKK CLKK CLKK CLKK CLKK CLKK CLKK CLKK
JE VEUX CES MACHINES AVANT LA FIN DE LA SEMAINE PROCHAINE.

STEVE. ALLEZ... FAIS LE POUR MOI.
GARY, JE ME CONTREFICHE DE SAVOIR QUE TU PENSE QU'ON POURRAIT LE FAIRE MIEUX DIFFÉREMMENT.
NOUS NOUS SOMMES DÉJÀ ENTENDUS SUR LA FAÇON DE LE FAIRE.
DÉSOLÉ, MAIS VOUS AVEZ VALIDÉ LES SPÉCIFICATIONS, NOUS NE LES CHANGERONS PLUS.
CE LIVRE N'EST PAS UNE BIBLE.
N'IMPORTE QUI PEUT ÉCRIRE UN LIVRE.
ASSURE-TOI DE FAIRE LE POINTAGE PRÉCIS DU TEMPS QUE TU AS PASSÉ.
clkk clkk clkk clkk clkk clkk clkk clkk
LA LIVRAISON CANDIDATE 4.2.1 EST EN TEST
IL RESTE DEUX BOGUES À CORRIGER, CINQ ONT ÉTÉ FERMÉS
Five Bugs Cleared
LA LIVRAISON QUATRE POINT DEUX POINTS DEUX A ÉTÉ INTÉGRÉE. QUELQUES PROBLÈMES MINEURS ONT ÉTÉ RELEVÉS.
DEUX RESSOURCES TRAVAILLENT DESSUS.

LE STATUS DE CETTE LIVRAISON EST ORANGE AVEC LE SENTIMENT CROISSANT D'UNE PROBABILITÉ DE PLUS EN PLUS GRANDE DE DÉRIVER VERS LE ROUGE.

LE STATUT EST ORANGE.

NOUS SERONS SÛRS DE NOTRE CAPACITÉ À FINIR LE PROJET DANS LES TEMPS JEUDI, QUAND LE CLIENT VIENDRA DE NOUVEAU FAIRE LE POINT PROJET.

clkk clkk clkk clkk clkk clkk clkk clkk clkk clkk

clkk clkk clkk clkk clkk

VOULEZ-VOUS VENIR AVEC NOUS PRENDRE UN VERRE POUR COMMENCER LE WEEK-END ?

NON MERCI, J'AI DU TRAVAIL À FINIR.

D'ACCORD, PEUT-ÊTRE LA SEMAINE PROCHAINE.

PEUT-ÊTRE. BONNE SOIRÉE. À LUNDI.

clkk clkk clkk clkk clkk clkk clkk clkk clkk clkk

POURQUOI LUI A TU PROPOSÉ DE VENIR ?

IL N'Y A RIEN DE MAL À ÊTRE SYMPATHIQUE

OUI, D'ACCORD

15

clkk clkk clkk clkk clkk clkk clkk clkk clkk clkk clkk clkk clkk clkk clkk clkk clkk clkk clkk clkk clkk clkk clkk clkk clkk clkk clkk clkk clkk clkk clkk

clkk clkk clkk clkk clkk clkk clkk clkk clkk clkk
clkk clkk clkk clkk clkk clkk clkk clkk clkk clkk clkk clkk clkk
clkk clkk clkk clkk clkk clkk clkk clkk clkk clkk clkk clkk clkk cl
lkk clkk clkk clkk clkk clkk clkk clkk clkk clkk clkk clkk clkk
lkk clkk clkk clkk clkk
clkk clkk

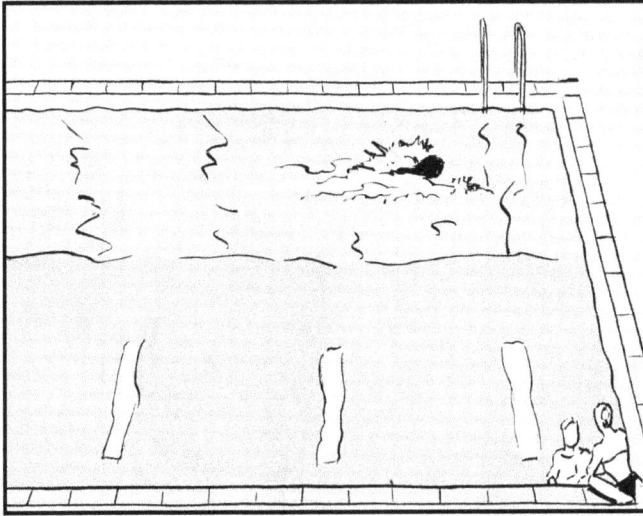

24

AH, LILLY ET ROSE...

...VOUS FAITES UN JOLI BOUQUET.

C'EST TOUT ? EST-CE COMME CECI QUE VOUS ALLEZ NOUS FAIRE RÊVER ?

NOUS SOMMES CHANCEUSES, VOUS AURIEZ PU NOUS APPELER, UNE PAIRE DE FLEURS RARES.

HEU, JE...

PARDONNEZ-NOUS D'ÊTRE UN PEU RUDE, NOUS NE NOUS SOMMES PAS VUES DEPUIS LONGTEMPS.

ET SI NOUS REVENIONS PLUS TARD POUR POURSUIVRE CETTE CONVERSATION ?

NOUS GARDONS LES VERRES, MERCI BEAUCOUP.

POURQUOI NE PAS PRENDRE UNE AUTRE TOURNÉE POUR VOIR SI NOUS POUVONS VOUS FAIRE CHANGER D'AVIS ?

QU'EN PENSES-TU ROSE ?

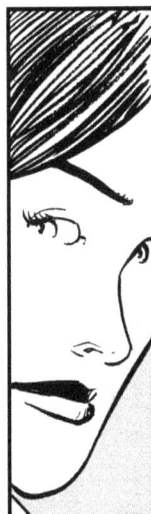

ET BIEN JE CROIS QUE TOUT EST DIT.

VOUS AUREZ PEUT-ÊTRE PLUS DE CHANCE UNE AUTRE FOIS.

EST-CE QUE JE PEUX VOUS FAIRE UNE INVITATION FACEBOOK ?

DOMMAGE, VOUS ÉTIEZ PRESQUE...

28

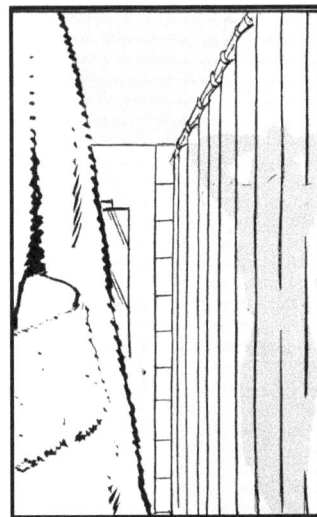

Chère Susan,

J'arrive juste de West End avec Lil. Elle voulait faire quelque chose pour mes trente ans. Comment aurais-je pu refuser de passer du temps avec ma soeur. Deux mecs ont essayé de nous draguer et je suis sure que Lil nous aurait laisser perdre notre soirée avec eux. C'était clair que la seule chose qui les intéressait, était de se trouver un coup pour la nuit. Heureusement, ils ont vite compris le message.

Lil m'a encore soulé avec David. Ce qu'elle n'a pas réalisé c'est que David était la seule personne qui a bien voulu m'embaucher après le cataclysme de Nimrod. David me demande beaucoup, mais il est un bon ami loyal. Il ne m'a pas uniquement donné un travail après Nimrod, mais aussi toutes les missions depuis ce projet. Tout le monde ne peut pas travailler dans une startup, certains d'entre nous ont besoin d'un peu de stabilité dans leur vie.

Lil est encore revenu sur cette histoire de ski. J'ai l'impression qu'elle m'en a parlé déjà des centaines de fois. Tu sais quoi, je l'écris maintenant afin de me souvenir des détails et de pouvoir l'interrompre avec ces détails la prochaine fois. De cette façon, elle lachera. Donc Susan, je te présente le séjour au ski le plus merveilleux de Lilly Randall.

Lilly a réservé un week-end au ski avec ses amis, mais plus tard elle s'est rendu compte qu'elle avait un rendez-vous, le lundi matin tôt pour faire une présentation à son travail. Son vol était programmé pour un retour à l'aéroport de Stanstead à 23 heures, ce qui est plutôt tard. Elle vérifia l'heure du dernier train pour Londres. Il était à 23h30. Tout était bon, tant que l'avion arrivait à l'heure, elle passait rapidement la douane et n'avait pas de problèmes pour prendre ses bagages. Avec toutes ces conditions rassemblées, elle devait arriver à prendre le train pour Londres. Comme son avion décolait d'un aéroport proche d'une station de ski, il était assez probable qu'il soit retardé pour cause de neige ou autre.

Elle ne désirait pas annuler son excursion au ski, manquer cette distraction, mais elle devait être au bureau lundi. Elle décida d'évaluer les options, un principe qu'elle avait abordé dans un cours sur les "Options Réelles".
Elle commença par chercher les hotels près de Stanstead. Elle en trouva, mais elle devait payer la chambre si elle ne le décommandait pas avant 18 heures. Ceci ne lui convenait pas car cette option l'obligeait à dormir à l'hotel. A la place, elle réalisa une liste d'hotels qu'elle pourrait appeler en cas de besoin.

Elle considéra aussi l'option du taxi. Les taxis sont chers et si elle arrivait tard, elle devrait passer le reste du vol à se battre pour en trouver un. Si son baggage arrivait en premier ce serait bon, mais dans le cas contraire, elle serait en fin de fil d'attente. Elle imagina aussi prendre un minibus de sa société, ce qui devait être moins onéreux. Pour les utiliser régulièrement, elle est certaine de leur fiabilité. Elle prenait grand soin d'avoir une relation de confiance avec eux. Le problème était qu'il s'agissait d'un trajet d'une heure et qu'elle ne saurait si elle avait besoin d'eux, qu'après l'heure à laquelle ils devraient partir. Elle nota une liste de minibus proches de l'aéroport pour pouvoir les appeler dès qu'elle aurait raté le train. Elle vérifia ceux qui pourraient avoir une disponibilité Dimanche soir.

Elle avait ses options pour rentrer à la maison depuis l'aéroport : Prendre le train, des minibus proches de l'aéroport, une limousine, une nuit d'hôtel à l'aéroport.
Elle appela les compagnies de minibus pour déterminer celles qui avaient des bus le dimanche soir.
Elle appela les hotels à l'aéroport pour déterminer ceux qui avaient des chambres disponibles.
Sans trop savoir pourquoi, elle s'arrêta et se demanda : "Quel est mon but ?" Elle s'était focalisée sur le fait de rentrer à la maison le Dimanche soir. Elle se demanda "Pourquoi ?" (Susan, je pense parfois que "Why" de l'album "Diva" d'Annie Lenox devrait être la bo de "La sortie Ski de Lilly"). Pourquoi est-ce que je veux rentrer à la maison Dimanche soir ?
J'adore sa façon théatrale de raconter la suite. "ET J'AI RÉALISÉ QUE RENTRER CHEZ MOI N'ÉTAIT PAS MON BUT !" Excitation dans la voix : "Mon but était d'être au travail Lundi matin avant 9h. Et j'avais besoin d'avoir pris une douche, un peu de maquillage et d'être fraiche et dispose." Elle a réalisé qu'elle se moquait de savoir où elle passerait la nuit dans la mesure où elle arriverait au boulot à l'heure. Donc elle a laissé un tailleur et un chemisier tout juste sortis du pressing dans la penderie à son bureau. C'est tout ce dont elle avait réellement besoin pour être sûr qu'elle pouvait dormir n'importe où la nuit de Dimanche à Lundi.

Au final, une amie qui participait au séjour a dû changer ses plans et lui a proposé de la ramener. Comme elles rentraient à une heure du matin, elle a réalisé qu'elle lui ferait faire un détour d'une heure pour la ramener chez elle. Elle a fini par squatter la chambre d'ami de son amie. Elle a pris sa douche chez elle, elle est aller au travail avec eux et s'est habillée avec sa tenue de travail dans les toilettes à son bureau.

Et elle n'arrête pas de répéter cette histoire. Et c'est pourquoi elle garde un tailleur propre à mon appartement. Au cas où.   Bonne nuit. Susan.

CHAPITRE DEUX

SALUT. COMMENT ÇA S'EST PASSÉ ?

QUE SE PASSE-T-IL DAVID ?

POURQUOI EMBALLER VOUS VOS AFFAIRES ?

EXCUSEZ MOI .. ROSE ? POUVEZ-VOUS NOUS SUIVRE S'IL VOUS PLAIT ?

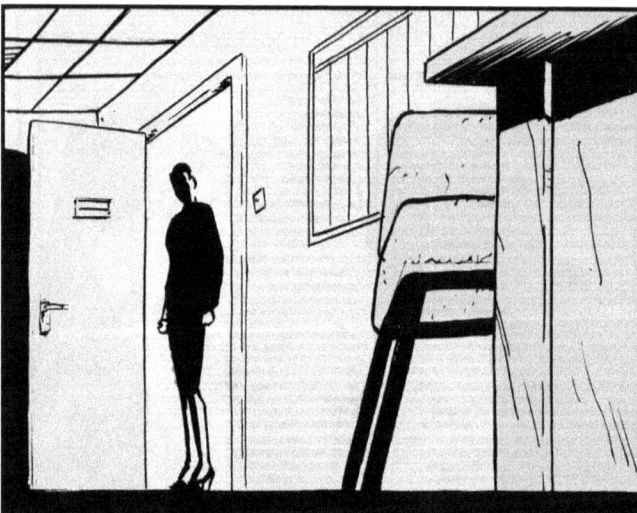

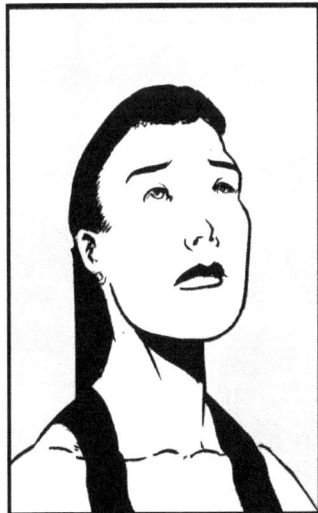

SALUT. COMMENT S'EST PASSÉS TA JOURNÉE ?

CA A ÉTÉ HORRIBLE... JE TE DÉRANGE ?

NON, JE ME PRÉPARE JUSTE POUR UNE NOUVELLE NUIT ÉPUISANTE EN VILLE.

LAISSE MOI DEVINER... TU ES ENCORE AU BOULOT ?

OUI, MAIS...

ALLONS, NOUS AVONS DÉJA PARLÉ DE ÇA. PASSE MOI DAVID.

JE NE PEUX PAS. IL EST PARTI. ILS L'ONT VIRÉ.

QUOI! ??? QUELLES SONT LES CONSÉQUENCES POUR TOI ?

ILS M'ONT DONNÉ SA PLACE.

COOL. TOUT VIENT À POINT À QUI SAIT ATTENDRE.

MAINTENANT, FAIS CE QUE N'IMPORTE QUEL CHEF SENSÉ FERAIT ET RENTRE CHEZ TOI.

IL EST TEMPS QUE TU REFILES TON TRAVAIL À UN PAUVRE SUBORDONNÉ.

PEUT-ÊTRE PAS TOUT DE SUITE.

TU N'AS PAS L'AIR TRÈS ENTHOUSIASTE.

JE NE VEUX PAS ÊTRE RESPONSABLE DU DÉPARTEMENT ENTIER.

J'AI JUSQU'À LUNDI POUR PRODUIRE UN NOUVEAU PLAN.

OU ALORS TU PRENDS LE MÊME CHEMIN QUE DAVID...

AVEC TOUS LES AUTRES !

J'ESPÉRAIS ÉVITER CE TYPE DE RESPONSABILITÉ.

ALLONS, REPRENDS TOI. C'ÉTAIT IL Y A LONGTEMPS. CA N'A PLUS D'IMPORTANCE MAINTENANT.

SI TU NE VOULAIS PAS LE FAIRE, TU AURAIS PU PARTIR AVEC DAVID.

DE TEMPS EN TEMPS TU AS BESOIN D'ÊTRE POUSSÉE.

MÊME SI C'EST DEPUIS LE HAUT D'UNE FALAISE ?

PEUT-ÊTRE. TU SERAIS AU MOINS SÛRE DE TOUCHER LE SOL AU BOUT D'UN MOMENT.

CE N'EST PAS HYPER RASSURANT CE QUE TU ME DIS LÀ.

JE SUIS LÀ POUR T'AIDER.

JE DOIS Y ALLER MAINTENANT. NOUS EN PARLERONS MERCREDI, OK ?

OK

NE T'INQUIÈTE PAS TROP. CELA SERA PEUT-ÊTRE POSITIF.

À BIENTÔT..

OK.

VOUS AVEZ RÉALISÉ QUE DAVID ÉTAIT PARTI ET QUE J'AVAIS DÛ REPRENDRE LE FLAMBEAU.

QU'EST-CE QUE CELA IMPLIQUE ?

NOUS ALLONS AVOIR À TRAVAILLER TOUS PLUS DUR POUR FAIRE DE CE PROJET UN SUCCÈS.

JE COMPTE SUR CHACUN DE VOUS.

JE NE SUIS PAS SÛR D'AIMER ENTRENDRE "TRAVAILLER PLUS".

NOUS TRAVAILLONS DÉJÀ À 110%.

DONNEZ MOI LE TEMPS D'ÉTABLIR UN PLAN POUR QUE JE PUISSE VOUS DIRE CONCRÈTEMENT COMMENT CELA VA SE PASSER

Ressource.	Ressource.	ux d'utilisa
ESSOURCE	SAM—	400%
ESSOURCE 2	RESSOURCE 2	87%
ESSOURCE 3	RESSOURCE 3	91%
ESSOURCE 4	RESSOURCE 4	98%
ESSOURCE 5		

SI SEULEMENT J'AVAIS 5 RESSOURCES DE PLUS.

ESSAYONS D'UNE FAÇON DIFFÉRENTE.

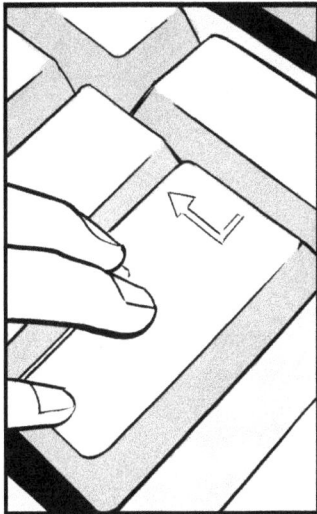

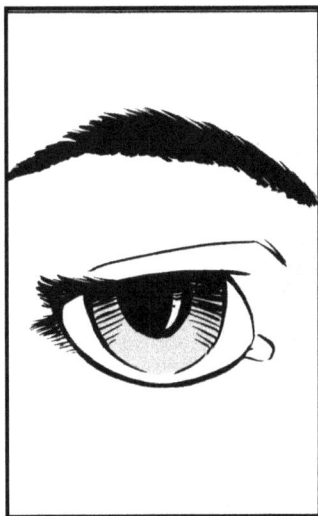

DONC, JE SUIS FOUTUE.

IL N'Y A AUCUNE FAÇON DE DÉLIVRER LE PROJET.

DONC JE VAIS ÊTRE VIRÉE, COMME LE RESTE DU GROUPE, ET UN IDIOT D'UN AUTRE ÉTAGE VA SAUVER LA SITUATION.

OK, JE VAIS T'EXPLIQUER LES "OPTIONS RÉELLES"

TU TE SOUVIENS DE LA CARTE DE VISITE ?

OUI, ET ALORS ?

LES OPTIONS ONT DES VALEURS, LES OPTIONS EXPIRENT.

NE T'ENGAGE PAS TÔT À MOINS DE SAVOIR POURQUOI.

QU'EST-CE QUE CELA VEUT DIRE ?

UNE OPTION EST QUELQUE CHOSE QUE TU PEUX CHOISIR DE FAIRE.

TICKET DE CINÉMA, BILLET D'AVION, ETC... C'EST QUAND TU AS LE DROIT DE FAIRE QUELQUE CHOSE, MAIS PAS L'OBLIGATION.

LE PLUS GROS PROBLÈME C'EST QUE LA PLUPART DES GENS VOIENT DES ENGAGEMENTS ALORS QU'IL NE S'AGIT QUE D'OPTIONS.

UN ENGAGEMENT C'EST QUELQUE CHOSE QUE TU DOIS FAIRE. PAYER LES IMPÔTS, ETC...

C'EST UN PROBLÈME AVEC LEURS FILTRES MENTAUX.

TOUT ÇA EST TRÈS BIEN, MAIS J'AI BESOIN DE QUELQUE CHOSE QUE JE PUISSE UTILISER MAINTENANT EN RENTRANT AU BUREAU.

OK, ESSAIE LA CHOSE SUIVANTE...

44

46

NOUS ALLONS CHANGER NOTRE FAÇON DE PROCÉDER.

A PARTIR DE MAINTENANT, VOUS ALLEZ FONCTIONNER DE MANIÈRE PLUS RAPPROCHÉE DE FAÇON À CE QUE VOUS NE SOYEZ PLUS SEULS À SAVOIR OÙ EN SONT LES CHOSES.

SI JE REMONTE À PARTIR DE LA DATE BUTOIR, J'AI BESOIN QUE VOUS COMMENCIEZ CERTAINES TÂCHES PLUS TÔT QUE JE NE LE PENSAIS.

NOUS ALLONS DEVOIR ARRÊTER DE TRAVAILLER SUR CETTE HISTOIRE DE DETTE TECHNIQUE...

... ET DE FAÇON À RATTRAPPER LE RETARD, J'AI BESOIN QUE LA PLUPART D'ENTRE VOUS TRAVAILLENT TARD QUELQUES SOIRÉES...

... ET LE WEEK-END.

JE NE SUIS PAS HEUREUSE DE CETTE SITUATION. JE VAIS DEVOIR TRAVAILLER LE WEEK-END COMME VOUS.

PLUS TARD DANS LA SOIRÉE...

VRWMN VRWMN VRWMN VRWMN VRWMN VRWMN VRWMN VRWMN VRWMN VRWMN VRWMN VRWMN VRWMN VRWMN VRWMN VRWMN

EXCUSEZ MOI.

EST-CE QUE VOUS ÊTES OBLIGÉ DE FAIRE ÇA MAINTENANT? J'ESSAIE DE TRAVAILLER.

MOI AUSSI. VOUS N'ÊTES PAS SUPPOSÉ ÊTRE LA.

A QUI LE DITES VOUS.

VRWMN VRWMN

BONSOIR.

VRWMN VRWMN

SALUT. DONC VOUS AVEZ DÉGOTÉ QUELQUES ASSISTANTS ?

OUI. DÉSOLÉE, IL AURAIT FALLU QUE JE VOUS PRÉVIENNE ?

NON, C'EST BON. J'AI JUSTE BESOIN DE SAVOIR SI VOUS AVEZ PRÉVU DE VOLER QUELQUECHOSE.

JE VOUS LE DIRAI QUAND LE CAMION SERA CHARGÉ.

PARFAIT. PASSEZ UNE BONNE SOIRÉE. ON SE VOIT QUAND VOUS DESCENDREZ.

BONSOIR.

VRWMN VRWMN

48

ENCORE PLUS
TARD DANS LA SOIRÉE...

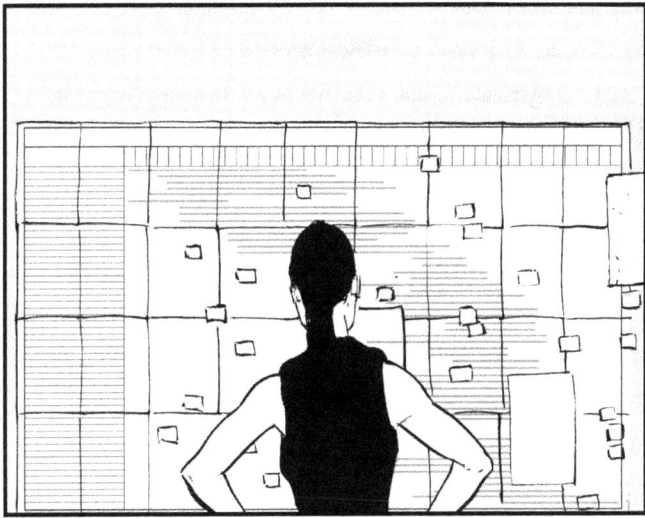

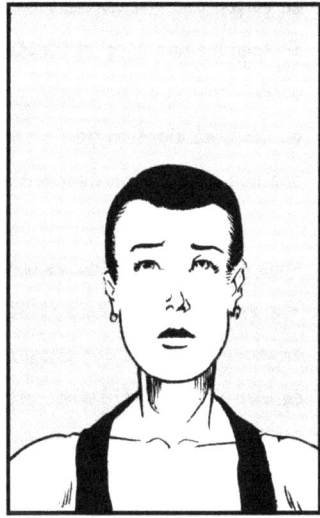

28 Septembre   Jeudi

Chère Susan,

J'ai eu un super déjeuner avec Lilly aujourd'hui. Elle m'a encore parlé des options réelles. Je ne l'avais écoutée que d'une oreille jusque là, mais actuellement je sens que j'ai besoin de trouver des ... options.

Lilly dit que la chose la plus importante à comprendre est la différence entre les options et les engagements, et de savoir quand une option n'est pas une option. Elle dit que descendre une paroi rocheuse est un engagement, et que l'on peut transformer cet engagement en option en emportant une corde. Elle dit qu'une option a besoin d'être correctement testée. Descendre une paroi rocheuse avec une corde revient au même que de la descendre sans la corde. Pour que l'on puisse inverser l'engagement, il faut attacher la corde à quelque chose en haut, et alors on peut remonter. En fait, bien que la corde fournisse une option, ce n'est pas une option si on descend sans avoir attaché la corde.

Nous avons discuté toutes sortes de choses qui étaient des options plutôt que des engagements. Par exemple les tickets (billets d'avion, places de concert ou évènements sportifs). Les engagements sont des choses comme les tâches, les enfants, et la mort... Il est amusant de se dire qu'un billet d'avion est un engagement de la part de la compagnie d'aviation. Ils s'engagent à vous transporter, vous avez l'option de voyager avec eux.

Je lui ai expliqué comment je travaillais sur le chemin critique du projet. Notamment la durée des tâches dont on dépend, qui fixent la date minimale où l'on peut finir le projet. Lilly ne semblait pas intéressée.

J'ai fini par comprendre la notion de « dette technique ». Dans l'équipe ils en parlent continuellement, comme si c'était très important. De toutes façons, j'avais la tête pleine d' « Options », de « Conditions d'expiration », d' « Engagements », et Lilly parlait de « dette technique ». Je n'ai pas compris tout ce qu'elle a dit, mais elle a dit que c'était vraiment très motivant pour une équipe d'avoir la sensation de faire un travail de qualité. Donc c'est ça. Le but de la dette technique est de motiver l'équipe. C'est important dans de nombreuses situations, mais peut-être pas pour nous qui avons des dates butoirs vraiment très importantes.

Bonne nuit Susan. Je suis fatiguée donc j'ai fait court.

JE PENSAIS QUE TOUT LE MONDE DEVAIT VENIR AUJOURD'HUI.

OÙ EST JIM ?

IL S'OCCUPE DE L'ÉQUIPE DE L'ÉCOLE LES SAMEDIS.

CE N'EST PAS JUSTE ! JE N'AI PAS D'ENFANTS !

JE VAIS...

SSHHH !

... PAS AUSSI BIEN PAYÉ QUE MAINTENANT, MAIS ILS ONT UNE APPROCHE BEAUCOUP PLUS SYMPA DE L'ÉQUILIBRE TRAVAIL / VIE PERSONNELLE.

OH, JE DOIS Y ALLER.

BONJOUR SIMON. OÙ EST BOB ?

OH, IL EST MALADE AUJOURD'HUI.

SUPER. JUSTE CE DONT J'AI BESOIN.

NOUS SOMMES EN RETARD QUOI QUE JE FASSE.

Articles
recents :

Septembre (5)

Août (3)

Juillet (4)

Juin (5)

Mai (5)

Avril (4)

Mars (5)

Fevrier (3)

Janvier (6)

Annee
Precedente -
(63)

Les types d'options

Utilisations précédentes des options

Les options ne sont pas nouvelles, et Mère Nature en est une des plus grandes utilisatrices. L'utilisation documentée la plus ancienne des options réelles est les fossiles de l'Ère Cambrienne. Durant l'Ère Cambrienne, il y avait une quantité immense de biodiversité. Progressivement, beaucoup de ces organismes diverses sont morts et ont disparu. La diversité était tellement importante qu'elle est connue comme l'Explosion Cambrienne. De manière quasi littérale, les conditions terrestres ont permis d'avoir de nombreuses options créées par la vie.

Dans notre monde, il y a en gros trois types d'options :

- Les options financières
- Les options embarquées
- Les options réelles

Les options financières

Quand les gens pensent aux options, la première chose qui leur vient à l'esprit, sont les options financières. Il est bien connu que les Options Financières ont contribué à la bulle de la Tulipe à Amsterdam il y a plusieurs siècles. Au 17ème siècle, les tulipes étaient très populaires aux Pays Bas et la demande est montée si haut que les marchants voulaient sécuriser les tulipes de façon à pouvoir les vendre. Donc ils ont acheté le droit d'acheter des tulipes à une date future pour un montant spécifié. Cela a conduit à la perception d'une demande encore plus haute et à un marché hautement spéculatif, et à un crash.

Articles
recents :

Septembre (5)

Août (3)

Juillet (4)

Juin (5)

Mai (5)

Avril (4)

Mars (5)

Fevrier (3)

Janvier (6)

Annee
Precedente -
(63)

Les options financières existent depuis de nombreuses années, mais elles n'ont été mises sur le devant de la scène qu'à la publication par Fischer Black, Myron Scholes et Robert Merton de leur fameuse formule pour déterminer la valeur d'une option en 1973. Depuis, les marchés pour les options n'ont cessé de croître. Cette croissance a entrainé la création d'autres marchés dérivés, avec des produits basés sur la corrélation comme les Obligations de Dette Collatéralisée (CDO). L'invention de l'équation de Black Scholes a créé une industrie entière. Le point clé d'une option financière est que les deux parties entrant dans l'option (l'acheteur de l'option, et le vendeur de l'option qui prend un engagement) le font en comprenant qu'ils entrent dans une option. L'acheteur paie volontairement une prime pour l'option, et la maturité / l'échéance de l'option est spécifiée dans le contrat de l'option.

Les options embarquées

Une deuxième classe d'options est l'option embarquée. Une option embarquée est une option qui se trouve dans un contrat légal et qui n'était PAS pensée intentionnellement en tant qu'option. C'est une clause dans un contrat qui donne à l'acheteur de la flexibilité sous forme d'un service. Le vendeur et l'acheteur ne se rendent souvent pas compte que cette structure est une option embarquée. Le vendeur ne sait pas qu'il a donné une option gratuitement, du fait que cela ne ressemble pas à une option. L'option peut avoir beaucoup de valeur, et l'échéance de l'option peut être ou peut ne pas être spécifiée. Il est fort possible que l'acheteur de l'option ne paye PAS de prime pour l'option.

Des exemples d'options embarquées peuvent être :
• Une tolérance opérationnelle sur des contrats de pétrole. Les contrats de livraison physique de pétrole contiennent une tolérance opérationnelle qui est une façon sophistiquée de dire que les deux parties ne savent pas quel Tanker (ils diffèrent en terme de taille) va être utilisé pour venir collecter le pétrole. Pour gérer cette incertitude, les contrats de pétrole autorisent que l'on collecte un montant variable, par exemple le contrat serait de 100.000 barils plus ou moins 5%.
Si vous lisez le même contrat du point de vue des options, plus ou moins 5% veut dire que le contrat est en fait pour 95.000 barils plus une option d'acheter 10.000 barils supplémentaires.

Si le prix du baril est passé au dessus du prix dans le contrat au moment où le Tanker collecte le pétrole, l'acheteur peut acheter les 10.000 barils plus cher qu'au prix en cours sur le marché Et si le prix est tombé en dessous du prix du contrat, le Tanker ne prend que les 95.000 barils minimum.

• Les contrats phasés. On appelle contrats « phasés » les contrats qui contiennent un prix spécifié auquel pourront être achetés des biens et services supplémentaires. Par exemple, un contrat IT avec une phase 2 spécifiée, autorisant l'acheteur à acheter la phase 2 à un prix préétabli. L'acheteur peut voir combien coûte la phase 1 et potentiellement changer de fournisseur pour la phase 2 s'il pense pouvoir trouver moins cher ailleurs. Alternativement, si le coût est plus que prévu, l'acheteur peut utiliser le prix offert pour la phase 2.

L'équation de Black & Scholes ou l'une de ses nombreuses descendantes peut être appliquée pour la valorisation d'une option embarquée, mais peut ne pas être toujours appropriée. Cela peut se produire quand les hypothèses sous-jacentes de la formule de Black & Scholes ne sont pas valides, par exemple quand il n'y a pas un seul prix correct pour l'option.

Quand un négociant expert des options identifie une option embarquée dans un contrat, il évalue son prix séparément du reste du contrat. Comprendre la différence entre le « prix du marché » et le « prix du marché ajusté pour les aspects optionnels » peut être utilisé pour créer un profit, sans risque (marché), connu comme l'arbitrage. L'astuce est d'identifier ces options car elles sont rarement appelées options.

Les options réelles

Les Options Réelles sont des options qui existent en dehors de cadres légaux. Il s'agit des choix qui s'offrent à nous dans le monde réel.
L'équation de Black & Scholes et ses dérivées ne peut pas être utilisée pour valoriser les options réelles.
Pourtant, ce que nous savons des mathématiques financières permet de dire trois choses sur les options réelles...

Articles recents :

Septembre (5)

Août (3)

Juillet (4)

Juin (5)

Mai (5)

Avril (4)

Mars (5)

Fevrier (3)

Janvier (6)

Annee Precedente - (63)

Les options ont une valeur

Pas seulement celle du bénéfice reçu (valeur intrinsèque) mais aussi le fait que vous avez encore une option a une valeur au delà de la valeur intrinsèque. Pouvoir choisir plus tard a de la valeur. La valeur est d'autant plus élevée qu'il y a de l'incertitude.

Les options expirent

A partir d'un certain moment, l'option n'est plus disponible. Sa date d'expiration est basée sur le temps passé ou si d'autres évènements se sont produits et rendent dorénavant impossible l'utilisation d'une option particulière. L'aspect le plus important à déterminer sur une option réelle est sa ou ses condition(s) d'expiration. Sous quelles conditions est-ce que l'option n'est plus disponible.

Ne jamais s'engager tôt à moins de savoir pourquoi.

On s'engage sur une option quand ce n'est plus une option de faire ou de ne pas faire quelque chose, mais une obligation / un engagement. Il faut bien comprendre que s'engager détruit des options pour réaliser de la valeur / un bénéfice. Avec les options réelles il est important de comprendre pourquoi on détruit une chose pour en créer une autre.

Il ne s'agit pas de s'engager le plus tard possible car cela peut exposer à des risques plus élevés et inutiles. Il s'agit d'être pleinement conscient de ce que l'on fait, de rassembler autant d'information que possible dans le temps disponible et d'essayer de repousser les conditions d'expiration.

Les Options Réelles sont litéralement partout. Tout ce que l'on peut faire sans l'obligation de le faire est une Option Réelle : téléphoner à un ami, trouver un nouveau boulot, aborder un inconnu, voyager à Cuba.

Dès que vous l'aurez compris, vous les verrez partout. Pas d'inquiétude, vous n'aurez pas à les gérer toutes, juste celles qui sont le plus importantes pour vous.

Seeya next time - L

Articles recents :

Septembre (5)

Août (3)

Juillet (4)

Juin (5)

Mai (5)

Avril (4)

Mars (5)

Fevrier (3)

Janvier (6)

Annee Precedente - (63)

CHAPITRE TROIS

OÙ AI-JE MIS CETTE CARTE DE VISITE ?

Blobs

REVERIES ALEATOIRES - LILLY RANDALL

Articles recents :

Octobre (3)

Septembre (5)

Août (3)

Juillet (4)

Juin (5)

Mai (5)

Avril (4)

Mars (5)

Fevrier (3)

Janvier (6)

Annee Precedente - (63)

Sur les options de connaissances.

Une soumission rapide sur mon blog avant de rencontrer ceux de la Cantine avec Rose. Cela m'a rappelait que les relations sont parmi les options qui ont le plus de valeur. La possibilité d'appeler quelqu'un qui se rendra disponible pour vous aider est quelque chose de très spécial. C'est en particulier vrai pour ce qui est d'apprendre de nouvelles choses. Les gens ont des styles d'apprentissage différents; j'ai du mal à apprendre directement depuis un livre ou un blog. Avoir quelqu'un à qui l'on peut poser des questions quand on est bloqué sur un point que l'on ne comprend pas accélère énormément le processus d'apprentissage. En tous cas, ça l'a fait pour moi.

Options de connaissances

Cette capacité à apprendre les choses rapidement m'amène à quelque chose que j'appelle « options de connaissances ». Les options de connaissances sont ces morceaux d'information sur des sujets dont je connais juste le minimum. La différence est que j'apprends suffisamment sur un sujet pour comprendre ce qui peut être fait avec les outils, et combien de temps il me faudra pour apprendre les outils suffisamment pour l'appliquer.

Il faut beaucoup de temps pour devenir compétente sur certains sujets, et donc je commence à appliquer ces sujets avant d'en avoir besoin de façon à être compétente au cas où j'en aie besoin. Je laisse d'autres sujets pour plus tard. Dans les deux cas, il est utile de connaître quelqu'un qui puisse m'aider à apprendre.

Il y a une autre façon de créer ces options de connaissance : éplucher les tables des matières des livres à la recherche de termes et sujets que vous ne connaissez pas. En terme plus généraux, l'approche est de chercher constamment les sujets que vous ne connaissez pas.

Trouver un mentor

Trouver le bon mentor pour un sujet, qui soit en outre disponible, peut être parfois difficile. Selon mon expérience, les meilleurs mentors sont les gens de terrain, ceux qui pratiquent le sujet dans leur travail quotidien. Les gens de terrain vous diront normalement quels sont les aspects importants. Ils ont exploré tout le sujet, tout essayé, et rejeté les choses qui n'ont pas fonctionné pour eux. Il est beaucoup plus facile de trouver ces gens de terrain de nos jours que par le passé.

Pour trouver un mentor sur un sujet, je commence la recherche par les auteurs qui ont publié un bon bouquin sur le sujet. A partir de là, je cherche la communauté de gens de terrain qui s'est rassemblée autour de l'auteur. Au-delà du fait qu'ils ont vécu l'expérience, les gens de terrain ont normalement plus de temps pour vous expliquer les choses qu'un auteur très occupé. De nos jours, la plupart des sujets a une communauté qui se rassemble dans un forum en ligne (email/facebook/groupe linkedin) pour discuter du sujet. Ces groupes sont normalement ravis d'aider ceux qui posent des questions sur leur sujet de prédilection, et s'avèrent être une aide de grande valeur

L'incompétence consciente

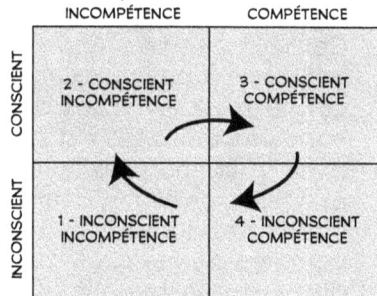

Les options de connaissance admettent explicitement la valeur d'être consciemment incompétent sur un sujet, avec un critère supplémentaire. Combien de temps cela prendra-t-il de devenir consciemment compétent sur le sujet. Si un sujet nécessite beaucoup de temps et risque d'être utile, alors commencez tôt à l'apprendre. S'il nécessite peu de temps, l'engagement d'apprentissage peut être repoussé.

Le modèle de compétence consciente a été inventé par Noël Burch dans les années 1970, alors que certains l'attribuent à tort à Abraham Maslow.

SALUT.

HEY, TU AS RÉUSSI À TRAVERSER LA JOURNÉE !

TOUT JUSTE. MERCI DE FAIRE ÇA POUR MOI. J'ESPÈRE QUE ÇA VA MARCHER.

CA VA MARCHER, MAIS TU DOIS ÊTRE VIGILITANTE, ET LAISSER LE TEMPS AU TEMPS.

JE PASSE DEVANT CE LIEU TOUT LE TEMPS, MAIS JE NE SUIS JAMAIS ENTRÉE.

OUI, ET BIEN, LA PLUPART DES GENS NE VOIENT QUE LES CHOSES QU'ILS CHERCHENT...

C'EST CE QU'IL Y A DE BIEN DANS CE REPAIRE DE BRIGANDS --

-- CONNU UNIQUEMENT PAR LES INITIÉS.

OK, DONC IL Y A TROIS CHOSES QUE TU AS BESOIN DE SAVOIR SUR TON PROJET.

OK

OÙ TU VAS --

-- OÙ TU ES --

-- ET COMMENT ALLER DU PREMIER AU SECOND LE PLUS VITE POSSIBLE.

CA M'A L'AIR ASSEZ SIMPLE.

JE PEUX TE DONNER DES POINTEURS POUR LES DEUX DERNIERS : OÙ TU ES ET COMMENT ALLER VITE.

IL VAUDRAIT MIEUX QUE TU PARLES À LIZ KEOGH POUR DÉTERMINER OÙ TU VEUX ALLER.

J'AI DEMANDÉ À LIZ DE NOUS REJOINDRE PLUS TARD.

COMMENÇONS PAR "OÙ TU ES"

AU TÉLÉPHONE, TU M'AS DIT QUE TU PASSE BEAUCOUP DE TEMPS À COLLECTER LES STATUS, MAIS QUE TU NE SAIS QUAND MÊME PAS OÙ TU ES.

OUI.

IL N'Y A QUE 3 STATUS POUR UNE TÂCHE --

-- PAS DÉMARRÉE --

-- EN COURS --

-- ET FINIE.

72

LES POURCENTAGES SONT UNE ABSURDITÉ, PRENDS PAR EXEMPLE 99%

LE DERNIER 1% PEUT DANS CERTAINS CAS PRENDRE DES SEMAINES.

IL RESTE BEAUCOUP D'INCERTITUDE.

POUR TOUTE LES ÉTAPE DANS LE PROCESSUS QUE TU DÉROULES, TU AS BESOIN D'UNE FILE D'ATTENTE OU D'UN TAMPON AVANT L'ÉTAPE POUR LES TÂCHES QUI N'ONT PAS DÉMARRÉ.

MAIS CELA RESSEMBLE ENCORE PLUS À CE QUE JE SUIS EN TRAIN DE FAIRE.

EH BIEN LAISSE LE FAIRE PAR L'ÉQUIPE.

ILS ONT BESOIN DE SAVOIR CE QUI SE PASSE APRÈS TOUT.

MAIS CE N'EST PAS POUR EUX. J'AI BESOIN DES STATUTS POUR LE MANAGEMENT.

C'EST PLUS IMPORTANT POUR L'ÉQUIPE DE CONNAÎTRE LES STATUTS DES TÂCHES QUE POUR LE MANAGEMENT.

HIYA...

QUOI ! TU ES FOU ! POURQUOI.

POUR QU'ILS PUISSENT COORDONNER LEUR ACTIVITÉ.

MAIS ÇA JE LE FAIS MOI.

ET EST-CE QUE ÇA MARCHE ?

LAISSE L'ÉQUIPE LE FAIRE, DE FAÇON À POUVOIR TE CONCENTRER SUR CE QUI EST IMPORTANT.

JE DOIS Y ALLER JE PEUX TE LAISSER CONTINUER SEULE ?

OUI, PAS DE SOUCI.

JE T'APPELLE DEMAIN.

TRAVAILLER SUR PLUSIEURS TÂCHES, OU LE CHANGEMENT DE CONTEXTE COMME ON L'APPELLE, EST INEFFICACE.

C'EST UN SIGNE POUR TOI QUE DES CHOSES SONT BLOQUÉES, MAIS QUI NE SONT PAS REPORTÉ.

TU PEUX TOUJOURS REMBOURSER UN PEU DE LA DETTE TECHNIQUE --

-- CE QUI ACCÉLÈRE AUSSI LE DÉVELOPPEMENT.

OH, ET ...

J'AI PRESQUE OUBLIÉE UNE DES CHOSES LES PLUS IMPORTANTES --

-- TU DEVRAIS IDENTIFIER LES DÉPENDANCES AU SEIN DE TON PROJET.

J'UTILISE UN DIAGRAMME DE GANTT.

CA NE SUFFIT PAS.

TU DOIS TROUVER UNE FAÇON DE CASSER LES DÉPENDANCES ENTRE LES TÂCHES.

VOILA LES PRINCIPES DE BASE.

NOUS DEVONS MAINTENANT RÉFLÉCHIR À LA MISE EN ŒUVRE DES OPTIONS RÉELLES POUR GÉRER L'INCERTITUDE.

OH-- VOILA LIZ KEOGH. PILE AU BON MOMENT.

ELLE VA POUVOIR NOUS AIDER.

75

LIZ, VOICI LA SOEUR DE LILLY, ROSE.

ROSE, VOICI LIZ KEOGH

COMMENT ALLEZ-VOUS ?

BIEN. ENCHANTÉE

JE VOIS QUE JON A ENTAMÉ LE SUJET --

-- OÙ EN ÊTES VOUS ?

UTILISER LES OPTIONS RÉELLES POUR GÉRER L'INCERTITUDE.

ÉVITER DE S'ENGAGER TROP TÔT.

ET COMMENT EST-CE QUE L'ON GÈRE ÇA ?

VOUS AVEZ PLUSIEURS FAÇONS DE FAIRE QUELQUE CHOSE --

-- MAIS VOUS NE SAVEZ PAS LA "MEILLEURE" FAÇON DE FAIRE.

CELA DOIT VOUS ARRIVER TOUS LES JOURS.

OK IL Y A 3 APPROCHES.

LA PREMIÈRE, REPOUSSER L'ENGAGEMENT ET COLLECTER PLUS D'INFORMATIONS.

SECONDE, CHOISIR L'OPTION QUI EST LA PLUS FACILE À CHANGER.

LA TROISIÈME, INVESTIR DANS UNE APPROCHE DIFFÉRENTE QUI PERMETTE DE FACILITER LE CHANGEMENT.

LES DEUX PREMIÈRES ME PARAISSENT COMPRÉHENSIBLES, J'AI DU MAL AVEC LA TROISIÈME.

IMAGINE QUE TU CONSTRUISE UN SITE WEB, MAIS TU NE SAIS PAS QUELLE SERA SA POPULARITÉ.

TU PEUX STOCKER LES DONNÉES DANS UN FICHIER QUI NE COÛTE PAS CHER À IMPLÉMENTER OU DANS UNE BASE DE DONNÉES COÛTEUSE.

CHANGER D'OPTION DEMANDERA BEAUCOUP DE MODIFICATION DU SITE.

OK.

AU LIEU DE CELA, TU IMPLÉMENTES DU CODE POSITIONNÉ ENTRE LE SITE WEB ET LE STOCKAGE DE DONNÉE --

-- QUI POURRA ÊTRE SOIT LE FICHIER, SOIT LA BASE DE DONNÉES.

D'ABORD, TU UTILISES LE FICHIER, ET SI LE SITE DEVIENT PLUS POPULAIRE, TU POURRAS CHANGER FACILEMENT POUR UTILISER LA BASE DE DONNÉES.

LA SOLUTION FINALE EST LÉGÈREMENT PLUS COÛTEUSE, MAIS ELLE PERMET DE REPOUSSER LE MOMENT OÙ TU T'ENGAGES.

LAQUELLE DES TROIS APPROCHES UTILISES-TU?

LES TROIS.

J'IMAGINE.

J'ESPÈRE JUSTE ME SOUVENIR DE TOUT ÇA.

Quand j'étais à la fac, la plupart de mes amis vivaient ensemble dans l'une ou l'autre de deux maisons. Elles donnaient sur la même rue, côte à côte, et avaient le même propriétaire. Le propriétaire avait de nombreuses propriétés qu'il louait à des étudiants. Elles étaient toutes identiques. La même cuisine, la même salle de bains. Je soupçonnais le propriétaire d'avoir un atelier plein de pièces détachées qu'il avait achetées en même temps que les cuisines.

J'ai dîné à l'une des maisons plusieurs fois. J'arrivais et la cuisine était impeccable. Deux des occupants de la maison étaient assez maniaques, et insistaient pour que tout le monde nettoie la cuisine après un repas. Ils étaient aussi plutôt disciplinés pour ce qui est de remplacer les choses qui venaient à manquer. Ils avaient un planning, etc… Les autres faisaient avec mais je pense qu'ils aimaient que les lieux soient bien tenus. A chaque fois que j'étais dans le coin à l'heure d'un repas, ils m'ont offert quelque chose à manger. Dans les dix à quinze minutes nos assiettes se remplissaient. C'était l'époque estudiantine, donc c'était plutôt basique.

A la porte à côté, il y avait les types de la gym. Ils avaient déplacé la table de la cuisine sur un côté, et installé une machine de muscu. Je me souviens très nettement du fait qu'il n'y avait jamais, vraiment jamais, de tasse propre. L'évier de la cuisine était normalement plein de pots sales, mais une tasse de thé nécessitait une excursion au travers de la salle à manger et des chambres des résidents. A chaque fois que j'ai eu une tasse de thé là bas, j'ai du aller aux épiceries du coin pour acheter du lait, des sachets de thé et même une fois du liquide vaisselle.

Cela ne m'inquiétait pas plus que ça parce qu'il fallait à peu près autant de temps pour trouver deux tasses dans le tas d'ordure qu'ils appelaient salle à manger. Une fois, un des types a invité une nouvelle petite amie pour dîner. Il lui fallut tellement de temps pour le préparer qu'elle l'a largué. Sa performance était aussi impressionnante que ça.

J'en suis venue à réaliser que la dette technique est comme une cuisine sale. On ne peut rien trouver et on doit nettoyer et ranger avant de démarrer un quelconque vrai travail. L'activité de remettre de l'ordre et de chercher les choses est un vrai piège à énergie*.

Au bout d'un moment, la pagaille est telle qu'on ne trouve plus rien et que l'on abandonne. Cela s'accumule en une série de tentatives avortées et l'envie de re-tenter le coup va décroissant.

Rembourser la dette technique ou « refactoring » comme l'appellent certains des développeurs est l'équivalent de nettoyer la cuisine et de ranger les choses à leur place. Cela veut dire que la prochaine personne qui passe va savoir où trouver ce dont il a besoin et à l'endroit où il s'attend à le trouver.

Les options m'ont aidée à réaliser que la dette technique n'est pas une dette. Ce n'est pas un prix fixe. C'est plutôt une option vendue. Plus le besoin a de la valeur et est urgent, plus cette « option vendue » (dette technique) vous coûte. Comme le gars qui a perdu la petite amie ne le sait que trop bien. Malheureusement, certains n'apprennent jamais, il a perdu les deux petites amies suivantes après moi, même si nous sommes tous devenus bons amis.

Je réalise maintenant que rembourser la dette technique est comme de garder la cuisine propre. Cela m'aide à répondre plus vite et à livrer plus vite avec moins d'effort. Cela me donne plus d'options, ce qui est une bonne chose. Je réalise que parfois l'investissement qui a le plus de valeur pour les commanditaires est une paire de gants de nettoyage technologique.

Une dernière chose, ce soir Lilly m'a emmenée à la Cantine ou On Apprend. Je suis toujours épatée par les lieux extraordinaires qu'elle découvre. Elle m'a présentée à Jon Terry et à Liz Keogh et nous avons eu une conversation géniale sur la gestion de projet et les Options Réelles. Cette façon de penser en terme d'options m'intéresse beaucoup. Cela m'a paru très sensé, même si je ne suis pas sûre de voir en quoi ça va m'aider. Je vais commencer avec les idées sur la gestion de projet.

Quand j'ai googleisé Liz je suis tombée sur un de ses post de blog qui décrit une situation réelle ou elle a appliquée la réflexion en terme d'options.

Good night, Susan. C'est l'heure d'aller dormir.

(*) Tiré de « Traité du Zen et de l'Art de l'Entretien des Motocyclettes »

Blog de Liz Keogh
Logiciels, Formation, Coaching, écriture.

Les clients aussi accordent de la valeur à la possibilité de changer d'avis.

Il y a quelques années, j'ai rencontré Chris Parsons quand il a donné une conférence sur un sujet qui m'intéressait énormément. Chris était le CEO de Eden Development, une petite compagnie informatique basée à Winchester. Suite à cette rencontre, nous avons lui et moi apprécié la possibilité d'offrir des options réelles.

Après la conférence, Chris et moi avons échangés des idées sur des questions auxquelles il avait du mal à répondre. Il semblait impressionné, et a suggéré que je vienne coacher son équipe pour un jour ou deux. J'aime les petites compagnies; Elles sont souvent plaisantes et faciles à coacher. Donc, je lui ai proposé un taux plutôt bas, et Chris a répondu rapidement et à dit : « Venez Lundi »
« Mmmm, vous aviez dit 'un jour ou deux' » ai-je répondu. « Winchester est à deux heures et demi en train par trajet, et je n'ai pas vraiment envie de voyager cinq heures pour le faire une nouvelle fois quelques jours plus tard, donc j'ai une proposition. »

J'ai proposé à Chris une option pour mon aide au même tarif le deuxième jour. Chris achèterait cette option pour le prix d'un hôtel et d'un repas. S'il payait pour mon hôtel, je resterais dans les deux cas. De cette façon, j'aurais une soirée sympathique et relaxante, au lieu d'essayer de rentrer le jour même. Si Chris voulait que je revienne le second jour, la seule chose qu'il avait à faire, c'était de me le dire avant que je parte à la fin du premier jour.

Chris a aimé l'idée. J'ai réservé l'hôtel, et vers la fin du premier jour, j'ai partagé l'idée d'injection de fonctionnalité, que Chris Matts m'avait enseigné – comment tirer des éléments de travail à partir d'une vision projet initiale en considérant les différentes parties prenantes d'un projet, leurs buts, et les fonctionnalités que le système devrait avoir pour les satisfaire.

Chris Parsons était tellement content des résultats du premier jour qu'il m'a demandé de venir le second jour – il a utilisé l'option. Quand je suis revenue, Chris m'a dit : « J'ai parlé à notre client et je lui ai demandé de maintenir une liste priorisée des choses qu'il souhaite. Nous avons juste besoin de connaître les six choses les plus importantes sur lesquelles il souhaite que l'on travaille. Cela nous permet de l'aider à se concentrer plus efficacement sur les buts des parties prenantes. Nous en discuterons avec lui chaque semaine pour affiner. Maintenant… Comment fait-on marcher tout ca ? »

Quand je l'ai rappelé quelques mois plus tard pour voir comment ca se passait, ils avaient réduit la limite à trois items, et parlaient à leur client deux fois par semaine. Il s'est avéré que le client avait apprécié le fait d'avoir l'option de changer d'avis.

CHAPITRE QUATRE

Backlog · Priorise · Pret pour l'analyse · Analyse · Pret pour le dev · Developpement

BIEN. EXCELLENT. RECULONS UN PEU ET VOYONS CE QUE NOUS AVONS.

Backlog Priorisé Pret pour l'analyse Analyse Pret pour la dév Développement Pret pour approbation Conformite aux standards Pret pour les tests Test Pret pour livraison Livraison

Backlog	Prioritise	Pret pour l'analyse	Analyse	Pret pour le dev	Développement

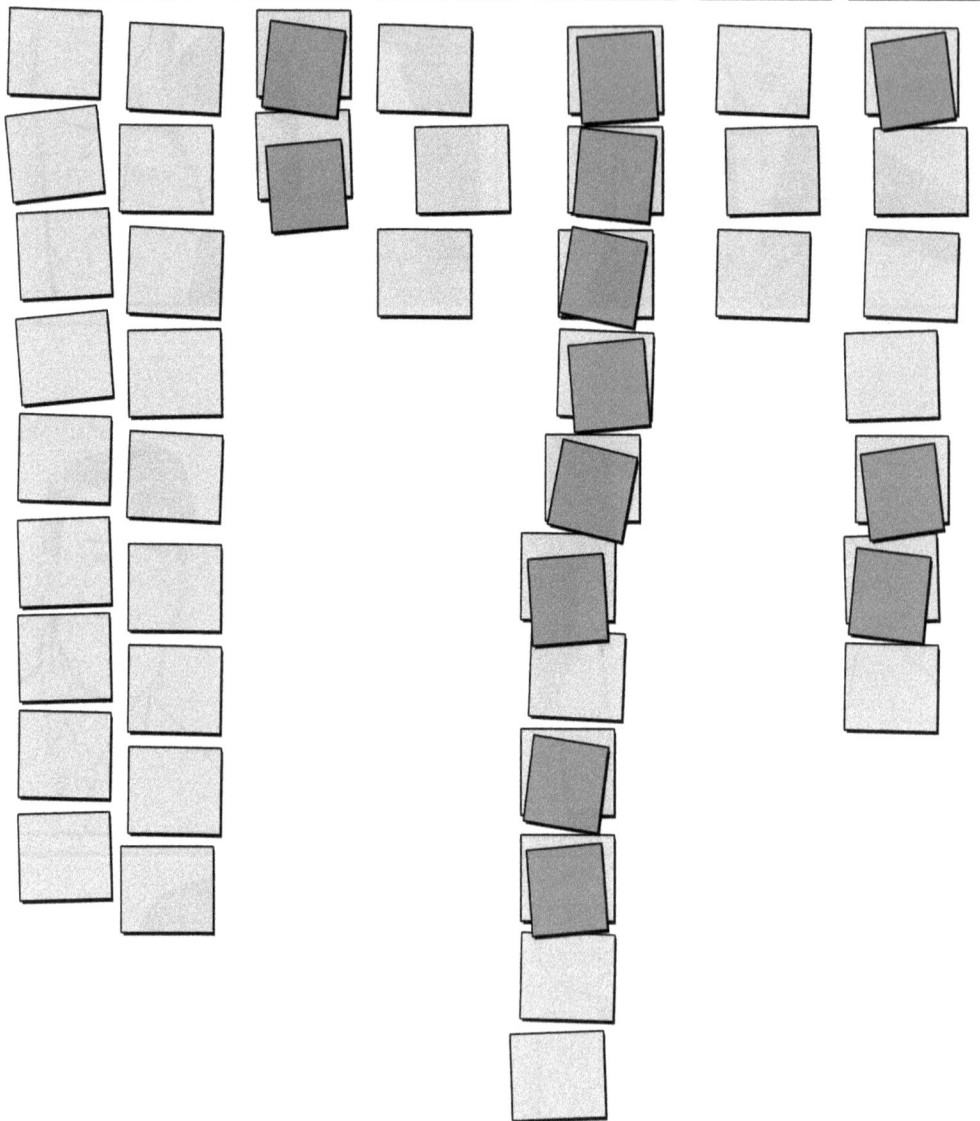

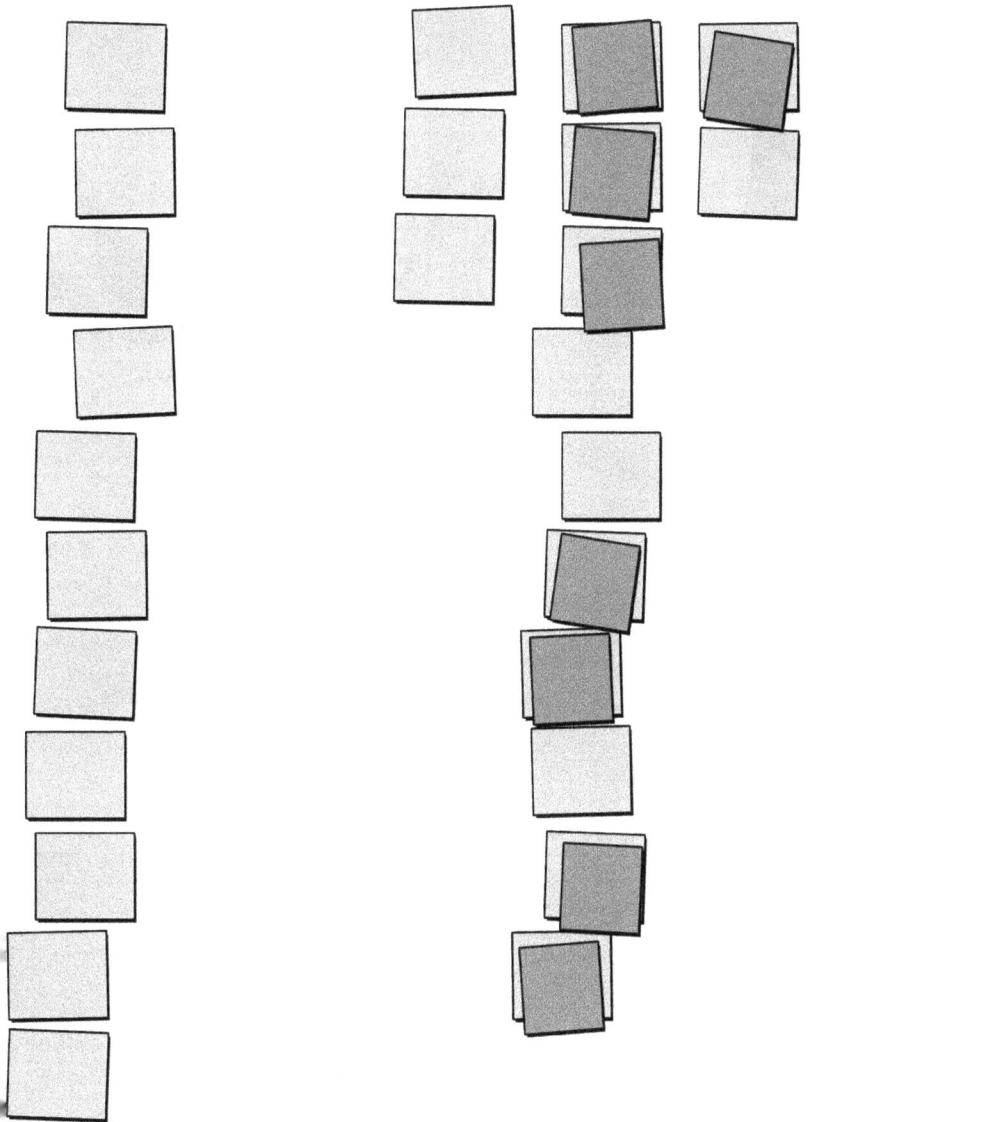

Pret pour approbation	Conformite aux Standards		Pret pour les tests	Test	Pret pour livraison	Livraison

... HUM...

JE VOIS MAINTENANT QUE NOUS NE POUVONS PAS DÉLIVRER SELON CE PLANNING.

JE RÉALISE QUE JE ME SUIS CONCENTRÉE SUR LE FAIT DE VOUS FAIRE DÉMARRER DES CHOSES --

-- ET QUE NOUS NE FINISSONS PAS LES CHOSES.

CHANGEONS CELA, ET FOCALISONS NOUS SUR LES CHOSES À FINIR.

DÉPLAÇONS CE SUR QUOI NOUS NE TRAVAILLONS PAS, EN ARRIÈRE, DANS L'ÉTAT "PRÊT POUR..."

CA DÉPEND D'OÙ VOUS VOULEZ ALLER...

POUR L'INSTANT, CONCENTRONS NOUS SUR FINIR CE QUE NOUS AVONS COMMENCÉ, NOUS VERRONS PLUS TARD POUR LE RESTE.

SUR QUOI TRAVAILLE-T-ON EN PREMIER ?

TYPIQUE. DONC NOUS NOUS PRÉPARONS À AVOIR PLUS DE REPRISES.

STEVE, ROSE A RAISON.

SINON NOUS ALLONS PERDRE NOTRE CAPACITÉ À AVANCER ET STAGNER.

NOUS DEVRIONS FINIR CE QUE NOUS AVONS POUR L'INSTANT, ET EN PARALLÈLE PRÉPARER LA SUITE.

Prêt pour approbation

MERCI

FRANCHEMENT, J'AI BESOIN DE TOUTE VOTRE AIDE POUR QUE ÇA MARCHE.

Prêt pour approb

J'AI BESOIN D'UNE TASSE DE THÉ.

Prêt pour les tests

91

TU ES CELUI QUI LA DÉTESTE LE PLUS, GARY. QU'EST-CE QUI SE PASSE?

JE PENSE QU'ELLE ESSAIE DE CHANGER, STEVE.

ELLE EST MÊME VENUE AU COA.

NOUS DEVRIONS LUI DONNER UNE CHANCE.

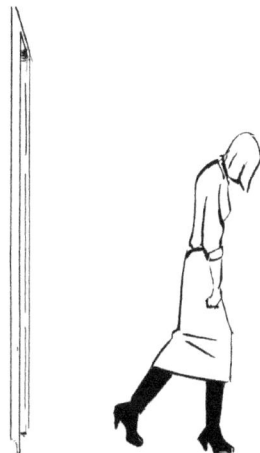

93

EH, EH, EH. NE FAIS PAS ÇA.

QUOI ? QU'EST-CE QUE JE FAIS ?

ELLE A RAISON, TU PARLES UN PEU FORT.

JE DOIS TRAVAILLER DANS MON BUREAU, VOUS LE SAVEZ...

EST-CE QU'ON PEUT LE DÉPLACER À L'EXTÉRIEUR ?

ET DÉRANGER TOUT LE MONDE ? JE DOIS LE VOIR MOI AUSSI.

EH BIEN JE NE SAIS PAS QUOI SUGGÉRER.

JE NE PEUX PAS CROIRE QUE JE N'Y AI PAS PENSÉ AVANT.

TU TE SENS ASSEZ FORT POUR DÉPLACER MON BUREAU ?

.... ?

OK, MAINTENANT TOUT EST DÉPLACÉ, MOI INCLUSE --

-- DONC D'UN COUP D'OEIL, NOUS POUVONS TOUS VOIR OÙ NOUS EN SOMMES.

VOUS POUVEZ FAIRE LES RÉUNIONS OU LES DISCUSSIONS DANS MON VIEUX BUREAU.

Prêt pour Développement
Prêt pour approbation
Prêt pour les tests
Test
Prêt pour livraison
Livraison

94

... par n'importe quel autre nom ...

LES PANNEAUX DE VISUALISATION

3ᴿᴰ OCT

AUJOURD'HUI J'AI TRAVAILLÉ AVEC GARY À LA CRÉATION D'UN PANNEAU DE VISUALISATION POUR MON ÉQUIPE. EN VISUALISANT NOTRE PROCESSUS ET EN RENDANT PLUS EXPLICITES LES ÉTAPES DU PROCESSUS IL EST PLUS FACILE POUR NOUS DE VOIR COMMENT NOUS NOUS EN SORTONS ET OÙ SONT LES PROBLÈMES.

QU'EST-CE QU'UN PANNEAU DE VISUALISATION ?
UN PANNEAU DE VISUALISATION EST UN OUTIL QUI AIDE À AMÉLIORER SON PROCESSUS. C'EST UN VRAI PANNEAU OÙ ON VISUALISE À LA FOIS LE PROCESSUS, SES ÉTAPES ET LE STATUT ACTUEL DU TRAVAIL À FAIRE DANS CE PROCESSUS.

QUELLES SONT LES ORIGINES DES PANNEAUX DE VISUALISATION ?
LES PANNEAUX DE VISUALISATION VIENNENT DE TOYOTA. TOYOTA A IDENTIFIÉ QUE LE STOCKAGE, LE TRANSPORT EN CAMION, L'EXPÉDITION ET UN CERTAIN NOMBRE D'AUTRES ÉTAPES DANS LEUR PROCESSUS DE FABRICATION N'AJOUTENT PAS DE VALEUR. EN CARTOGRAPHIANT LES ÉTAPES QUI CRÉENT DE LA VALEUR AINSI QUE LES INTERMÉDIAIRES QUI N'EN AJOUTENT PAS, VOUS CRÉEZ UN « FLUX DE VALEUR ».

LE SYSTÈME DE PRODUCTION DE TOYOTA DE TAIICHI OHNO SE CONCENTRE SUR LA PRODUCTION DE VALEUR ET LA CRÉATION DE CONNAISSANCE. DANS « LEAN THINKING » (LIVRE DE WOMACK ET JONES) LE PROCESSUS EST EXPLIQUÉ EN DÉCRIVANT LE FLUX DE VALEUR D'UNE CANETTE DE COCA. LA VALEUR D'UNE CANETTE DE COCA SE RÉALISE QUAND LE CLIENT LA CONSOMME.

LE FLUX DE VALEUR D'UNE CANETTE DE COCA DÉMARRE AVEC L'EXTRACTION DE BAUXITE DANS UNE MINE EN AUSTRALIE. LES MATIÈRES PREMIÈRES ET LES PRO-DUITS INTERMÉDIAIRES SONT STOCKÉS, TRANSPORTÉS EN CAMION ET EXPÉDIÉS PARTOUT DANS LE MONDE. EN ISLANDE, LE MINERAI EST UTILISÉ POUR PRODUIRE DES LINGOTS D'ALUMINIUM. EN FINLANDE LES LINGOTS SONT UTILISÉS POUR PRODUIRE DES ROULEAUX D'ALUMINIUM. EN ESPAGNE CES ROULEAUX D'ALUMINI-UM SONT TAMPONNÉS EN CERCLES QU'ILS DEVIENNENT DES CANETTES. LES CANETTES SONT REMPLIES AVEC DU COCA, ENVOYÉES AUX ENTREPÔTS ET DE LÀ AUX SUPERMARCHÉS OÙ NOUS LES ACHETONS ET BUVONS FINALEMENT LE COCA. LE PROCESSUS COMPLET PREND 365 JOURS ALORS QU'IL Y A UNIQUEMENT 24 HEURES D'ACTIVITÉ QUI APPORTE DE LA VALEUR.

ARCHIVES

OCTOBRE (1)

SEPTEMBRE (1)

AOÛT (0)

JUILLET (0)

JUIN (0)

MAI (1)

AVRIL (0)

MARS (0)

FÉVRIER (0)

JANVIER (1)

ANNÉE PRÉCÉDENTE (5)

EN CARTOGRAPHIANT AINSI LE PROCESSUS IL DEVIENT PLUS FACILE D'AVOIR UNE VISION GLOBALE DE CE QUI SE PASSE. NOUS VOULIONS CRÉER QUELQUE CHOSE DE SIMILAIRE POUR NOTRE PROJET. QUELS SONT LES ÉTAPES QUE L'ON FAIT POUR RÉALISER NOTRE BUT, ET COMMENT S'ARTICULENT-ELLES ?

COMMENT CRÉE-T-ON UN PANNEAU DE VISUALISATION ?
POUR NOTRE PROJET, LES ÉTAPES SONT MOINS EXPLICITES ET MOINS VISUELLES. NOUS AVONS DONC BESOIN DE LES MATÉRIALISER. LES VISUALISATIONS IMPORTANTES DE NOTRE TABLEAU SONT À LA FOIS LES ÉTATS DE NOS TRAVAUX QUI AJOUTENT DE LA VALEUR ET LES ÉTATS OU FILES D'ATTENTES AVANT ET APRÈS CHAQUE TRAVAIL.

LE PANNEAU DE VISUALISATION IDÉAL A SEULEMENT TROIS ÉTATS.
« EN ATTENTE » (TRAVAIL QUI ATTEND D'ÊTRE FAIT) « EN COURS » (OÙ NOUS FAISONS LE TRAVAIL EFFECTIF) ET « FAIT » (QUAND LE TRAVAIL EST FAIT, BIEN SÛR). POURTANT, DANS LE MONDE RÉEL, LES SYSTÈMES SONT SOUVENT PLUS COMPLIQUÉS. LE PROCESSUS GLOBAL CONSISTE EN PLUSIEURS ÉTAPES SPÉCIFIQUES QUI EN RÉSULTENT DE PROCESSUS À PLUSIEURS ÉTAPES. NOUS MODÉLISONS CHACUNE DE CES SPÉCIFICITÉS DANS UNE COLONNE DANS NOTRE PANNEAU DE VISUALISATION. POUR CRÉER UN PETIT TAMPON ENTRE CES ÉTAPES, LE PANNEAU DE VISUALISATION EST ÉTENDU POUR AVOIR UN « EN ATTENTE » ET UN « FAIT » POUR CHAQUE ÉTAPE DU PROCESSUS. COMME LE « FAIT » D'UN PROCESSUS EST LE « EN ATTENTE » DU PROCESSUS SUIVANT, CES FILES D'ATTENTE SONT SOUVENT NOMMÉES D'APRÈS LE PROCESSUS QU'ELLES ALIMENTENT, I.E. « EN ATTENTE POUR LE DÉVELOPPEMENT ».

LA MODÉLISATION DES COLONNES
LES ÉTAPES POUR CRÉER UN PANNEAU DE VISUALISATION SE SONT AVÉRÉES RAISONNABLEMENT SIMPLES. NOUS AVONS MODÉLISÉ CHAQUE ÉTAPE DANS NOTRE PROCESSUS COMME UNE COLONNE ET AJOUTÉ DES TAMPONS ENTRE TOUTES CES ÉTAPES. NOUS AVONS PRIS UN SOIN PARTICULIER À NOUS ASSURER QUE CHAQUE ÉTAPE DE PROCESSUS FAÎTES PAR DIFFÉRENTS INDIVIDUS OU GROUPES SOIENT INCLUSES, MÊME SI ELLES NE PRENNENT QUE QUELQUES SECONDES. UN EXEMPLE D'ÉTAPE QUI PEUT ÊTRE FAÎTE RAPIDEMENT MAIS QUE NOUS AVONS POURTANT MODÉLISÉES EST L' « APPROBATION DE STANDARDISATION » OÙ NOS ADMINISTRATEURS SYSTÈMES VÉRIFIENT QUE TOUT EST FAIT CONFORMÉMENT AUX STANDARDS. OBTENIR CETTE APPROBATION PEUT PARFOIS PRENDRE BEAUCOUP DE TEMPS PARCE QUE LES ADMIN SONT SOUVENT TRÈS OCCUPÉS. CELA ENGENDRE DES DÉLAIS SIGNIFICATIFS. EN L'AYANT SUR LE PANNEAU ON VOIT CLAIREMENT QUAND CELA NOUS FAIT PRENDRE DU RETARD.

SI CELA SE PRODUIT TROP SOUVENT, NOUS POURRONS JE L'ESPÈRE AVOIR UNE CONVERSATION POUR DÉTERMINER COMMENT SUPPRIMER CETTE ÉTAPE TOUT EN SATISFAISANT TOUT LE MONDE. QUAND NOUS AURONS UN PEU DE TEMPS NOUS VERRONS COMMENT SUPPRIMER CELA. NOUS DEVONS D'ABORD CONSTRUIRE LA CONFIANCE ENTRE NOUS ET AUGMENTER LA VISIBILITÉ DU PROBLÈME DE L'APPROBATION.

ARCHIVES

OCTOBRE (1)

SEPTEMBRE (1)

AOÛT (0)

JUILLET (0)

JUIN (0)

MAI (1)

AVRIL (0)

MARS (0)

FÉVRIER (0)

JANVIER (1)

ANNÉE PRÉCÉDENTE (5)

LES ÉTAPES DE PROCESSUS ET L'ATTENTE EN ENTRÉE DE PROCESSUS SONT UN TYPE DE FILE D'ATTENTES. IL Y A DEUX AUTRES TYPES : LES BLOCAGES ET LE MULTI-TÂCHE.

QUAND NOUS NE POUVONS PAS CONTINUER À TRAVAILLER SUR QUELQUE CHOSE PARCE QUE NOUS DEVONS ATTENDRE QUELQUE CHOSE OU QUELQU'UN, CES ITEMS SUR LESQUELS NOUS NE TRAVAILLONS PAS SONT CONSIDÉRÉS COMME BLOQUÉS. POUR LES VISUALISER, NOUS NOUS SOMMES MIS D'ACCORD POUR ÉCRIRE CE QUI CAUSE LE DÉLAI SUR UN POST-IT DE COULEUR VIVE. SI LE PANNEAU EST PLEIN DE CES POST-ITS AUX COULEURS VIVES, NOUS SAVONS QUE NOUS AVONS UN PROBLÈME.

LE MULTI-TÂCHE C'EST QUAND QUELQU'UN TRAVAILLE SUR PLUS D'UN ITEM À LA FOIS. QUAND VOUS TRAVAILLEZ SUR PLUS D'UN ITEM DE TRAVAIL, VOUS AVEZ CRÉÉ UNE FILE D'ATTENTE CACHÉE FORMÉE PAR LES ITEMS SUR LESQUELS VOUS NE TRAVAILLEZ PAS ACTIVEMENT. LA SOLUTION EST SIMPLE. POUR COMMENCER, NOUS AVONS DÉCIDER D'ADOPTER UNE POLITIQUE D'UN ITEM PAR PERSONNE. NOUS VERRONS CE QUE CELA DONNE ET NOUS POURRONS LE CHANGER PLUS TARD.

GOULOT D'ÉTRANGLEMENT / GESTION DE LA CAPACITÉ

ELI GOLDRATT A CRÉÉ UNE THÉORIE BASÉE SUR L'IDENTIFICATION DES CON-TRAINTES POUR OPTIMISER LE DÉBIT DANS UN SYSTÈME. EN D'AUTRES TERMES, À QUEL POINT CE QUE PRODUIT UNE USINE (OU N'IMPORTE QUEL AUTRE PROCES-SUS) EST DÉTERMINÉ PAR SON ÉTAPE LA PLUS LENTE. SUPPOSONS QU'IL FAILLE 10 ÉTAPES POUR PRODUIRE UNE VOITURE. A CHACUNE DE CES ÉTAPES L'ÉQUIPE EST CAPABLE DE GÉRER LA PRODUCTION DE 20 VOITURES PAR HEURE, SAUF POUR UNE ÉTAPE OÙ ELLE NE PEUT GÉRER QUE 12 VOITURES PAR HEURE. PUISQUE TOUTES LES ÉTAPES DOIVENT ÊTRE EXÉCUTÉES POUR PRODUIRE LA VOITURE, LA PRODUCTIVITÉ TOTALE NE POURRA JAMAIS ÊTRE SUPÉRIEURE À 12 VOITURES PAR HEURE.

L'ÉTAPE QUI CRÉE LE MOINS DE VOITURE DANS CETTE EXEMPLE EST APPELÉE LA CONTRAINTE. ELLE CONTRAINT OU LIMITE LA PRODUCTIVITÉ TOTALE. AJOUTER UNE CAPACITÉ ADDITIONNELLE AILLEURS DANS LE SYSTÈME QUE SUR LA CON-TRAINTE N'AURA AUCUN IMPACT BÉNÉFIQUE. IL N'EST POSSIBLE D'AMÉLIORER LA CAPACITÉ GLOBALE QU'EN AJOUTANT DE LA CAPACITÉ À LA CONTRAINTE.

MOTIFS RÉCURRENTS SUR LES PANNEAUX

GARY A UTILISÉ CETTE THÉORIE DES CONTRAINTES DE ELI GOLDRATT POUR EXPLIQUER CERTAINS DES MOTIFS RÉCURRENTS QUE L'ON DOIT CHERCHER QUAND ON UTILISE UN PANNEAU DE VISUALISATION. QUAND VOUS AVEZ UNE CONTRAINTE DANS VOTRE SYSTÈME (PANNEAU) LE TRAVAIL VA S'EMPILER EN AMONT DE LA CONTRAINTE. EN OUTRE, LES ÉTAPES APRÈS LA CONTRAINTE AURONT MOINS DE TRAVAIL PRÊT POUR ÊTRE EFFECTUÉ, PUISQU'ELLES VONT ATTENDRE QUE LE TRAVAIL TRAVERSE LA CONTRAINTE.

ARCHIVES

OCTOBRE (1)

SEPTEMBRE (1)

AOÛT (0)

JUILLET (0)

JUIN (0)

MAI (1)

AVRIL (0)

MARS (0)

FÉVRIER (0)

JANVIER (1)

ANNÉE PRÉCÉDENTE (5)

98

99

IL FAUT QUE LES PERSONNES PUISSENT CHANGER DE RÔLE PLUS LIBREMENT.

DONC DES COMPÉTENCES ET DE L'ORGANISATION ?

COMMENT FAIT-ON CELA ?

ON ALLOUE LES PERSONNES SUR UNE TÂCHE À PARTIR DU MOMENT OÙ ELLES SONT TOUT JUSTE CAPABLE DE LA FAIRE --

-- PAS SEULEMENT LA MEILLEURE PERSONNE LIBRE POUR LA TÂCHE.

CES DERNIÈRES NE DEVRAIENT PAS ÊTRE ALLOUÉES DU TOUT. AINSI, S'IL Y A UN PROBLÈME, ELLES SONT IMMÉDIATEMENT DISPONIBLES POUR LE TRAITER.

PEUT-ON FAIRE ÇA ?

STEVE ET MOI AVONS BESOIN DE TRANSMETTRE NOTRE TRAVAIL À D'AUTRES POUR POUVOIR ALLER AIDER L'ÉQUIPE DE TEST.

POURQUOI VOUS FAUT-IL AUTANT DE TEMPS POUR TESTER CHAQUE ITEM ?

NOUS NE SAVONS PAS VRAIMENT CE QUE NOUS TESTONS.

LES SPÉCIFICATIONS N'ONT PAS ASSEZ DE DÉTAIL POUR QUE NOUS LES TESTIONS.

NOUS DEVONT DEVINER PAR NOUS MÊME.

C'EST UN PROBLÈME AVEC L'ANALYSE MÉTIER --

-- STEVE ET MOI NE POUVONS PAS VOUS AIDER AVEC ÇA.

NOUS ALLONS FAIRE TOUT CE QUE NOUS POUVONS AVEC LES TESTEURS.

DEMANDE À LILLY. ELLE DEVRAIT ÊTRE CAPABLE DE TROUVER QUELQU'UN POUR NOUS AIDER LÀ DESSUS.

CE N'EST PAS UNE MAUVAISE IDÉE.

SALUT SOEURETTE, COMME ÇA VA ?

J'ESPÈRE QUE JE NE VOUS INTERROMPS PAS...

ÇA VA, JE PEUX ÊTRE SUR PLUSIEURS TÂCHES À LA FOIS.

NOUS AVONS DES PROBLÈMES AVEC LES TESTS, LES SPÉCIFICATIONS DÉTAILLÉES.

CONNAIS-TU QUELQU'UN QUI PEUT NOUS AIDER SUR LES ASPECTS MÉTIERS ?

QUELQUES UNS. J'IMAGINE QU'IL FAUT LE FAIRE TOUT DE SUITE.

BIEN SÛR, COMME TOUJOURS

ATTENDS, JE TE METS SUR HAUT PARLEUR.

BRRHG BRRHG

LILLY...

HEY, MAGNUS. COMMENT VAS-TU ?

COMME D'HABITUDE.

BRRHG BR CHKK

SI MAL ?

TU SAIS BIEN.

J'AI MA SOEUR, ROSE EN LIGNE. ELLE CHERCHE DÉSESPÉRÉMENT UN ANALYSTE MÉTIER

TU ES L'HOMME DE LA SITUATION. JE PENSE QUE JE TE DONNE UNE PREMIÈRE OPPORTUNITÉ POUR ÊTRE SON CHEVALIER SERVANT.

JE PRENDS TOUJOURS UNE OPPORTUNITÉ DE SAUVER UNE DEMOISELLE EN DÉTRESSE.

ROSE, C'EST MAGNUS.

SALUT,

MAGNUS, VOICI MA GRANDE SOEUR, ROSE.

SALUT ROSE

BIEN, MAINTENANT QUE JE VOUS AI PRÉSENTÉ, JE VOUS LAISSE JOUER LES ENFANTS. JE REVIENS PLUS TARD. AMUSEZ-VOUS BIEN.

MERCI, SOEURETTE.

C'EST UN PLAISIR COMME TOUJOURS, LILLY.

DONC DIS MOI, ROSE, À QUEL POINT TA SITUATION EST-ELLE DÉSESPÉRÉE ?

MERCI D'AVOIR ACCEPTER DE NOUS RENCONTRER AUSSI VITE.

AVEC PLAISIR.

NOS TESTEURS NE SAVENT PAS QUOI TESTER.

DONC QUE PENSEZ VOUS DE CE PROBLÈME ?

OK. REGARDONS LES CHOSES SOUS UN AUTRE ANGLE --

-- QUE VOULONS NOUS FAIRE ?

NOUS VOULONS LIVRER LE LOGICIEL QUE LE MÉTIER DEMANDE.

NON.

NOUS VOULONS LIVRER DE LA VALEUR.

ET ENCORE PLUS, VOUS VOULEZ LA LIVRER EN PETITES TRANCHES.

POURQUOI DE PETITES TRANCHES ?

POUR QUE LE MÉTIER VOIE EXACTEMENT CE QU'IL REÇOIT, ET SI NÉCESSAIRE RÉAJUSTE.

EN OUTRE, ILS PEUVENT LE METTRE SUR LE MARCHÉ ET RECEVOIR DES RETOURS SUR LE LOGICIEL PAR LES CLIENTS OU LES CLIENTS POTENTIELS.

102

DONC ILS NE SAVENT VRAIMENT OÙ ILS SONT QUE QUAND LES CHOSES SONT LIVRÉES EN PRODUCTION.

EXACTEMENT. C'EST MOINS RISQUÉ DU POINT DE VUE DU COMMANDITAIRE DE LIVRER DE PETITS INCRÉMENTS QUE DE GROS INCRÉMENTS DE LOGICIEL.

MAIS CELA NOUS REND À COUP SÛR PLUS DIFFICILE LE DÉVELOPPEMENT DU LOGICIEL.

FAIS ATTENTION : TU PARLES DE "EUX" ET "NOUS"

IL DEVRAIT Y AVOIR UNE COLLABORATION POUR TROUVER LA MEILLEURE SOLUTION POUR LE COMMANDITAIRE.

LE MÉTIER NE DEMANDE CEPENDANT JAMAIS DE LA VALEUR.

ILS DEMANDENT DES FONCTIONNALITÉS.

Bandstand

DONC LE PROBLÈME QUE NOUS AVONS EST QUE LES UTILISATEURS DEMANDENT DES SOLUTIONS POUR LEURS PRÉOCCUPATIONS IMMÉDIATES, SELON LEUR POINT DE VUE, PLUTÔT QUE DE NOUS DIRE LA VALEUR QU'ILS VEULENT RETIRER DU PROJET.

IL S'AGIT PLUS DE CE QUI NE VA PAS MAINTENANT, PAR OPPOSITION À CE QUI RENDRAIT LE PRODUIT BON.

NON PAS POUR L'INSTANT, MERCI.

JE PRENDS UNE BOISSON, VOUS VOULEZ QUELQUE CHOSE ?

OK, UN THÉ ET UN CAFÉ, S'IL VOUS PLAÎT.

TOUT DE SUITE.

OUI, DU THÉ, S'IL VOUS PLAÎT.

REGARDE CE QUE TU VIENS DE FAIRE.

??

TU VIENS JUSTE DE DEMANDER UNE TASSE DE THÉ.

TU N'AS PAS DEMANDÉ UN SAC DE THÉ CHAUD ET HUMIDE.

J'AI DEMANDÉ QUELQUE CHOSE QUI AVAIT DE LA VALEUR POUR MOI.

EXACTEMENT.

TES COMMANDITAIRES DEMANDENT UN SAC DE THÉ COMME CELUI LÀ --

-- ALORS QUE CE QU'ILS VEULENT EST UNE TASSE DE THÉ CHAUD.

J'AI COMPRIS.

APRÈS ILS REVIENNENT POUR LE LAIT, UNE TASSE, DE L'EAU CHAUDE, ETC...

EXACTEMENT.

DONC COMMENT EST-CE QUE JE TROUVE OÙ EST LA VALEUR ?

OÙ EST LA VALEUR DANS N'IMPORTE QUEL SYSTÈME ?

LES ENTRANTS OU LES SORTANTS ?

LES SORTANTS, JE SUPPOSE ?

TU RATES LE PLUS IMPORTANT.

PROTÉGER LES REVENUS OU ÉVITER LES COÛTS.

LA PLUPART DES DÉVELOPPEMENTS SERVENT À CONSERVER DES CLIENTS, À GÉRER LE RISQUE OU À SATISFAIRE DES OBLIGATIONS RÉGLEMENTAIRES.

C'EST IMPORTANT ?

OUI.

SINON, TU RISQUE DE CONFONDRE "PROTÉGER LE REVENU" AVEC "AUGMENTER LE REVENU" --

-- ET FAIRE UN TRAVAIL ADDITIONNEL INUTILE PARCE QUE TU NE VOIS PAS EN QUOI QUELQUE CHOSE AUGMENTE LE REVENU.

Bandstand

QUELLE EST LA DIFFÉRENCE ?

L'EFFORT POUR PROTÉGER LE REVENU EST MINIMAL, POUR AUGMENTER LE REVENU IL EST PLUS SIGNIFICATIF.

C'EST SOIT ATTIRER DE NOUVEAUX CLIENTS SOIT FAIRE EN SORTE QUE LES CLIENTS ACTUELS DÉPENSENT PLUS.

"QUELQUE CHOSE QUI FONCTIONNE" PLUTÔT QUE QUELQUE CHOSE QUI BRILLE".

EXACTEMENT.

DONC COMMENT EST-CE QUE JE SAIS QUE L'ON A LIVRE DE LA VALEUR ?

EH BIEN RÉFLÉCHIS UN PEU...

QUAND SAIS TU EN TANT QU'ÊTRE HUMAIN QUAND TU AS FOURNI DE LA VALEUR À QUELQU'UN D'AUTRE ?

IL Y A PLUSIEURS FAÇONS.

DES FOIS ON TE LE DIT, MAIS C'EST RARE.

DES FOIS C'EST PARCE QU'ILS COMMENCENT À UTILISER CE QUE TU AS LIVRÉ.

ET TU CONSTATERAS QU'ILS VONT COMMENCER À POSER DIVERS TYPES DE QUESTIONS.

OK. QU'Y A-T'IL ENSUITE ?

EN REVENANT À NOTRE TASSE DE THÉ: DONC MAINTENANT NOUS SAVONS QUE NOUS VOULONS UNE BOISSON CHAUDE AVEC BON GOÛT PLUTÔT QU'UN SACHET DE THÉ.

NOUS AVONS PLUS D'OPTIONS DANS LA MANIÈRE AVEC LAQUELLE NOUS POUVONS LIVRER DE LA VALEUR.

DONC SUPPOSONS QUE JE VEUILLE TOUJOURS UNE TASSE DE THÉ.

MAINTENANT QUE NOUS SAVONS QUE VOUS VOULEZ UNE TASSE DE THÉ, ON PEUT FACILEMENT TRAVAILLER À REBOURS POUR IDENTIFIER LES PROCESSUS ET LES RÉSULTATS NÉCESSAIRES POUR PRODUIRE UNE TASSE DE THÉ.

DONC NOUS AVONS BESOIN D'UN SACHET DE THÉ, D'UNE TASSE, DE LAIT, DE SUCRE ET UNE CUILLÈRE.

COMMENT OBTIENT-ON DE L'EAU CHAUDE ?

108

NOUS L'AVONS FAIT POUR LE THÉ.

ET À PARTIR DE LÀ TU DEVRAIS REGARDER AU RESTE DE LA SOLUTION.

CE QUI VEUT DIRE ?

NOUS DEVONS REGARDER S'IL Y A D'AUTRES EXEMPLES QUI NÉCESSITENT QUE NOUS CHANGIONS NOTRE SOLUTION --

-- NOUS APPELONS ÇA 'CASSER LE MODÈLE'

QUE VEUX TU DIRE ?

SI NOUS VOULONS VENDRE DU CAFÉ, LES CHOSES VONT RESTER LES MÊMES.

CEPENDANT, SI NOUS VOULONS VENDRE DES CANETTES DE SODA, NOUS ALLONS VOULOIR QUELQUE CHOSE QUI REFROIDIT LES CHOSES.

TOUTES LES CANETTES DE SODA SERONT LES MÊMES.

ET NOUS AVONS BESOIN DE GARDER LES GLACES GELÉES.

UNE NOUVELLE FOIS, CE SERA PAREIL POUR TOUTES LES GLACES.

JE NE COMPRENDS TOUJOURS PAS.

JE VAIS LE FAIRE AVEC UN EXEMPLE ABSTRAIT.

110

QU'EST-CE QUE C'EST ?
UN CARRÉ NOIR
EXACT. C'EST NOTRE MODÈLE.
ET MAINTENANT ?
UN CARRÉ NOIR ET UN CARRÉ BLANC.
SONT-ILS LES MÊMES ?
OUI POUR LA FORME, NON POUR LA COULEUR.
EXACT. C'EST NOTRE MODÈLE.
SI NOUS LES INCLUONS TOUS LES DEUX --
-- LE MODÈLE EST MAINTENANT 'UN CARRÉ NOIR OU BLANC'
ET MAINTENANT ?
TOUS CARRÉS.
DONC JE SUPPOSE QUE NOUS POUVONS AJOUTER 'ROUGE' AU MODÈLE.
TOUT À FAIT.
ET ?
LE MODÈLE EST MAINTENANT 'DES CARRÉS NOIRS, BLANCS, ROUGES ET VERTS' ?
C'EST POSSIBLE, MAIS QUAND NOUS AVONS AJOUTÉ LE CARRÉ ROUGE, NOUS AURIONS PU JUSTE DIRE 'COLORÉ'
DONC C'EST DES CARRÉS NOIRS, BLANCS OU COLORÉS' ?

OUI.
ET LÀ ?
EH BIEN, TOUS LES CARRÉS SONT IDENTIQUES.
DONC NOUS INCLUONS LES TRIANGLES ?
C'EST UNE POSSIBILITÉ.
MAIS ILS ONT TOUS DES CÔTÉS DROITS.
POUR CELA, LE MODÈLE DEVIENT 'FORMES À BORDS DROITS'
DONC NOUS AJUSTONS, FAISONS ÉVOLUER LE MODÈLE À CHAQUE FOIS QU'UN NOUVEL EXEMPLE EST INTRODUIT.
CELA SERAIT MAINENANT "DES FORMES À BORDS DROITS OU COURBES"
'DES FORMES CONVEXES' SERAIENT PLUS ÉLÉGANT
OK...
EN CRÉANT LE MODÈLE, NOUS POUVONS L'UTILISER POUR IDENTIFIER QUELQUE CHOSE QUI EST DIFFÉRENT --
-- OU BIEN QUE LE MODÈLE INTÈGRE DÉJÀ CE NOUVEL EXEMPLE.
RÉGULIER ET IRRÉGULIER.
OK, UN DE PLUS.
'VIDE ET PLEIN' ?
OUI. C'EST ÇA.

JE PENSE QUE TU COMMENCE À COMPRENDRE.

COMMENT EST-CE QUE JE SAIS QUE CE TRUC DE L'ARRIÈRE VERS L'AVANT FONCTIONNE ?

LES OPTIONS RÉELLES !!

QUEL EST LE LIEN AVEC LES OPTIONS RÉELLES ?

MA SOEUR M'A DIT QUE LE MODÈLE DES OPTIONS RÉELLES EST : LES OPTIONS ONT UNE VALEUR, LES OPTIONS EXPIRENT À UN MOMENT

NE T'ENGAGE JAMAIS TÔT À MOINS DE SAVOIR POURQUOI.

JE NE VOIS PAS COMMENT ÇA S'ARTICULE AVEC TOUT ÇA.

'NE T'ENGAGE JAMAIS TÔT À MOINS DE SAVOIR POURQUOI' NOUS DIT QUAND PRENDRE UN ENGAGEMENT: QUAND NOUS AVONS LES INFORMATIONS NÉCESSAIRES.

EN QUOI EST-CE QUE CELA VEUT DIRE QUE D'ALLER DES SORTANTS VERS LES ENTRANTS FONCTIONNE ?

SI NOUS ALLONS DES ENTRANTS VERS LES SORTANTS, À CHAQUE ÉTAPE, NOUS NE SAVONS PAS SI NOUS AVONS TOUTE L'INFORMATION DONT NOUS AVONS BESOIN POUR SATISFAIRE L'ÉTAPE.

Blobs

REVERIES ALEATOIRES - LILLY RANDALL

Articles recents :

Octobre (4)

Septembre (5)

Août (3)

Juillet (4)

Juin (5)

Mai (5)

Avril (4)

Mars (5)

Fevrier (3)

Janvier (6)

Annee precedente - (63)

Chassez la valeur

Toujours à l'affut de moyens pour analyser les problèmes et trouver des solutions, je suis tombé sur un site web qui décrivait l'Injection de Fonctionnalités. L'injection de fonctionnalités a 3 étapes

1 - Chasser la valeur
2 - Injecter les fonctionnalités
3 - Casser le modèle
4 – Répéter

Quelle valeur chasser ?

L'injection de fonctionnalités nous dit de nous approcher des résultats jusqu'à ce que nous rencontrions la valeur. Ca a l'air bien, mais c'est plus difficile quand on essaie vraiment de l'appliquer. La valeur est créée quand un bénéfice est créé pour le consommateur ou pour le producteur d'un produit ou service pour lequel ils sont prêts à payer.
Il y a quatre façons de générer de la valeur : augmenter ou protéger les revenus, ou réduire ou éviter les coûts en alignement avec la stratégie de l'organisation.

Si c'est le cas, pourquoi est-ce que Twitter et Instagram valent-ils autant ? Facebook a acheté Instagram pour un petit milliard de dollars alors qu'il ne génère pas un centime de revenu. Twitter valait des trilliards alors qu'il ne générait pas non plus de revenu. Le modèle de valeur est bel et bien cassé ! Un grand nombre de companies modernes ne construisent pas de modèles de revenus. Au contraire elles construisent des options pour générer des revenus. Ces options ont deux aspects principaux : le réseau et l'usage.

Le réseau

Les Réseaux Sociaux ont plus de valeur pour leur utilisateurs s'ils ont plus d'utilisateurs ou un réseau plus gros. Que vaut le premier téléphone si personne d'autre au monde n'en a un ? Seul Alexandre Graham Bell a vraiment pensé à ça et il a abouti à une solution habile. Il a compris l'importance du réseau et a donné gratuitement des téléphones aux hôtels et aux autres endroits où de nombreuses personnes allaient les utiliser.

L'usage

L'usage est un autre aspect important. Si les gens n'utilisent pas votre service, il n'y a aucun moyen de générer des revenus grâce à eux. Plus ils utilisent votre service, plus ils ont de chance de générer un revenu pour vous. Le revenu pouvant venir d'un paiement du service ou de manière indirecte, comme par des encarts publicitaires.

Les nombres ont une valeur

Pour obtenir le plus de valeur possible d'un réseau et de l'usage, il est important de mesurer précisément TOUT ! Ce n'est pas la même chose de penser que l'on a un gros réseau que de savoir que l'on a exactement 501 217 utilisateurs et de voir un graphique avec la tendance. Penser que les gens utilisent votre produit n'est pas pareil que de savoir qu'ils l'utilisent en moyenne 27 minutes par jour. Les nombres sont la clé !

Chasser la valeur nécessite que vous pensiez à votre contexte et où la valeur peut être. Il ne s'agit plus seulement de réduire les couts et d'augmenter les revenus. Comprenez d'où vient votre valeur.

A la prochaine,
- L.

Articles recents :

Octobre (4)

Septembre (5)

Août (3)

Juillet (4)

Juin (5)

Mai (5)

Avril (4)

Mars (5)

Fevrier (3)

Janvier (6)

Annee precedente - (63)

Chère Susan,

Je suis vraiment emballée par quelque chose au sujet du boulot. La semaine dernière nous avons rencontré Magnus (un ami de Lilly) qui nous a expliqué l' « Injection de fonctionnalités » à Kent et à moi. Cette semaine nous avons commencé à l'appliquer avec l'équipe.

Ce que nous avons découvert c'est que l'essentiel du travail que nous faisions jusque là était de construire des « sachets de thé » alors qu'en fait nous voulions livrer des tasses de thé. Nous avions besoin de plus nous concentrer sur le résultat final, pas seulement sur les étapes. Pour chaque tâche (ou sachet de thé comme nous les appelons maintenant), nous identifions la valeur qu'il délivre. Il apparaît que beaucoup des items sur lesquels nous travaillons étaient reliés au même résultat et que nous devrions les faire ensemble pour livrer de la valeur au lieu de simplement livrer des paquets de fonctionnalités sans lien les unes avec les autres.

Nous avons déclenché une réunion avec nos clients et nous leur avons demandé de nous dire ce qu'ils voulaient. Plutôt que de discuter de sachets de thé individuels, nous avons discuté d'éléments de valeur ou de tasses de thé. C'était vraiment une discussion difficile mais nous avons réussi à différer un certain nombre d'items. Ce qui est encore plus surprenant c'est que pour deux éléments de valeur, les clients ont décidé que la valeur ne justifiait pas l'effort nécessaire et nous les avons mis à la poubelle.

Nous nous sommes mis d'accord sur une réunion périodique toutes les deux semaines pour prioriser les prochaines choses que nous voulons démarrer. Et donc il semble que l'un des bénéfice clé de l'Injection de Fonctionnalités est de non seulement identifier ce dont on a besoin mais d'identifier ce que l'on doit commencer à construire.

Tu sais, Susan, je pense que je commence juste à aimer gérer un projet (mais ne le dis à personne).

Bonne nuit,
Rose

CHAPITRE CINQ

VOUS M'AVEZ PRIS DEUX MEMBRES DE MON ÉQUIPE.

JE NE SAIS PAS.

J'ARRIVE FINALEMENT À METTRE LE PROJET DANS LES CLOUS AVEC DES LIVRAISONS HEBDOMADAIRES À TOUS NOS CLIENTS ET LE DERNIER JOUR AVANT NOËL VOUS ME PRENEZ MON ÉQUIPE.

J'EN AVAIS BESOIN AU RETOUR DES CONGÉS L'AN PROCHAIN !

POURQUOI NE PAS LES PRENDRE QUAND J'AURAI FINI ?

TU AS DIS QUE TU ÉTAIS DANS LES CLOUS. TU PEUX SÛREMENT T'EN PASSER.

VOUS AVEZ DÉGRADÉ LA LIQUIDITÉ DE MON ÉQUIPE !

LA QUOI ?

LA LIQUIDITÉ DE L'ÉQUIPE.

LE TEMPS QU'IL ME FAUT POUR RÉPONDRE.

POUR REDÉPLOYER LES PERSONNES.

JE NE VOIS PAS POURQUOI C'EST SI GRAVE QUE ÇA. J'AURAIS PU PRENDRE VOS EXPERTS.

IL VOUS RESTE PLEIN DE MONDE.

123

CA DÉPEND DE QUI C'EST...

MAIS JE PENSE QUE JE PEUX COACHER ET TRAVAILLER EN PAIRE AVEC CETTE PERSONNE PENDANT UNE SEMAINE POUR QU'IL MONTE EN COMPÉTENCE.

C'EST UN PEU PLUS RAISONNABLE, NON ?

EST-CE QUE CELA NE RISQUE PAS DE CAUSER UN RETARD SI KENT N'EST PAS CONCENTRÉ SUR SES SUJETS ?

PAS VRAIMENT. JE POURRAIS TOUJOURS ME RENDRE DISPONIBLE EN CAS DE BESOIN.

C'EST CE QU'IL Y A DE BIEN DANS LE FAIT DE NE PAS M'AVOIR ENGAGÉ SUR UNE TÂCHE DONNÉE.

SI QUELQU'UN A BESOIN DE MOI POUR ÊTRE COACHÉ OU POUR ENLEVER UN OBSTACLE, CETTE TÂCHE NE SERA PAS MISE EN RETARD.

ET C'EST COMME CELA QUE JE LE GÈRE DEPUIS.

J'AFFECTE LES PERSONNES AVEC LE PLUS D'OPTIONS EN DERNIER.

CELA ME PERMET LA PLUS GRAND FLEXIBILITÉ POSSIBLE POUR GÉRER TOUTES LES SITUATIONS QUI PEUVENT SE PRODUIRE.

J'AI TOUJOURS GARY DISPONIBLE POUR RÉGLER LES PROBLÈMES ET AIDER LES AUTRES.

DONC VOUS ALLOUEZ LES PERSONNES LES PLUS EXPÉRIMENTÉES EN DERNIER.

124

EN PARTIE.

LES PERSONNES EXPÉRIMENTÉES FOURNISSENT LE PLUS D'OPTIONS.

CEPENDANT, CERTAINS EXPERTS NE PEUVENT, OU NE VEULENT, TRAVAILLER QUE SUR UN TYPE DE TÂCHE.

DONC VOUS DÉCIDEZ CE SUR QUOI LES GENS TRAVAILLENT EN FONCTION DE L'EXPÉRIENCE ?

C'EST PLUS DYNAMIQUE QUE ÇA.

L'ÉQUIPE S'AFFECTE ELLE MÊME LES TÂCHES EN FONCTION DES CONTRAINTES.

QU'EST-CE QU'UNE CONTRAINTE ?

UNE CONTRAINTE C'EST TOUT CE QUI NOUS EMPÊCHE D'ATTEINDRE NOS OBJECTIFS.

JE VAIS VOUS PARLER D'UN AUTRE PROBLÈME QUE NOUS AVONS EU IL Y A 2 MOIS.

NOUS AVONS UN PROBLÈME...

... UN JOUR NOUS AVONS BESOIN DE PLUS D'ANALYSTES. LE JOUR D'APRÈS, NOUS AVONS BESOIN DE PLUS DE TESTEURS.

LA CONTRAINTE NE CESSE DE CHANGER.

C'EST UN PROBLÈME, NON ?

UNE IDÉE ?

127

IMAGINE QUE L'INFORMATION EST UNE CORDE POUVANT ÊTRE TIRÉ À TRAVERS UN TROU DE LA MÊME TAILLE.

CECI EST L'ANALYSE, LE PLAN DE TEST ET L'EXÉCUTION DES TESTS.

QUAND LES BUGS SONT DÉTECTÉS, CETTE INFORMATION EST RETOURNÉE AU DÉVELOPPEMENTS...

ET ENSUITE EST TRANSMISE DE NOUVEAU À L'EXÉCUTION DES TESTS.

MAIS COMME LA CORDE EST DE LA MÊME TAILLE, IL EST DIFFICILE DE GÉRER LES DEUX FLUX AUX MÊME MOMENT.

NE POURRIONS-NOUS PAS UTILISER UNE CORDE PLUS FINE ?

CE N'EST PAS VRAIMENT LE MEILLEUR MOYEN.

CECI REVIENT AU MÊME QUE DÉCOUPER LES RESSOURCES EN DEUX GROUPES.

LE SECOND ÉTANT DÉDIÉ À LA RECHERCHE DES BUGS.

UN AUTRE MOYEN EST TRAVAILLER UN PEU, CORRIGER LES BUGS, TRAVAILLER UN PEU, CORRIGER LES BUGS.

BASCULER ENTRE LES DEUX TÂCHES TANT QUE LE TRAVAIL N'EST PAS TERMINÉ.

DONC CES BUGS PERTURBENT LE FLUX DE DÉVELOPPEMENT.

DONC, QUELLE EST LA SOLUTION ?

BONNE QUESTION

ET SI NOUS PARALLÉLISIONS L'ANALYSE ET LES PLAN DE TESTS, EN FAISANT TRAVAILLER ENSEMBLE UN ANALYSTE ET UN TESTEUR...

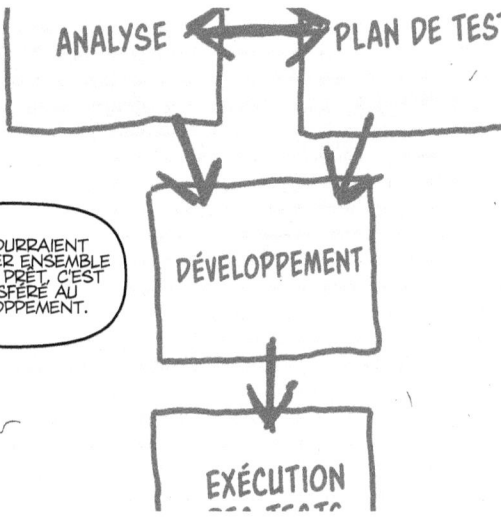

ANALYSE ⟷ PLAN DE TES'

DÉVELOPPEMENT

EXÉCUTION DES TEST'

ANALYSE ⟷ PLAN DE TES'

DÉVELOPPEMENT

EXÉCUTION DES TESTS

..ILS POURRAIENT TRAVAILLER ENSEMBLE ET C'EST PRÊT, C'EST TRANSFÉRÉ AU DÉVELOPPEMENT.

LE TEMPS TOTAL POUR FAIRE LE DÉVELOPPEMENT PEUT ÊTRE UN PEU PLUS LONG, MAIS LES DUPLICATIONS ET GÂCHIS SONT ÉLIMINÉS.

ET BIEN, C'EST LOGIQUE.

REPRENONS, UNE DERNIÈRE FOIS AVANT DE L'EXPLIQUER À L'ÉQUIPE.

130

MERCI.

J'AI DES INQUIÉTUDES SÉRIEUSES SUR ROSE.

DITES MOI.

ROSE A JUSTE ÉCHANGÉ DEUX SUPER MEMBRES DE SON ÉQUIPE CONTRE DEUX MEMBRES BEAUCOUP MOINS EXPÉRIMENTÉS.

OÙ EST LE PROBLÈME ?

JE PENSE QU'ELLE VEUT DES GENS QU'ELLE PUISSE GÉRER, ET QU'ELLE SE BAT AVEC LES GENS.

132

ELLE N'EST CLAIREMENT PAS COMPÉTENTE POUR CONDUIRE CE PROJET.

OK.

QU'EN PENSEZ-VOUS ?

JE VAIS ENVOYER DUNCAN FAIRE UNE REVUE DE CE QU'ELLE FAIT.

ET ?

ET S'IL Y A UN PROBLÈME, ON VA LES ARRÊTER.

QUI ?

TOUS.

LIQUIDITÉ DU PERSONNEL

15 DÉC

LES ITÉRATIONS DE DÉVELOPPEMENT PLUS COURTES ONT PLUS DE VALEUR. LES ITÉRATIONS PLUS LONGUES SONT PLUS RISQUÉES POUR LES INVESTISSEURS QUI FINANCENT LE PROJET, PARCE QUE LES ITÉRATIONS PLUS COURTES FOURNISSENT PLUS D'OPTIONS AUX INVESTISSEURS. ET AVOIR PLUS D'OPTIONS SIGNIFIE AVOIR PLUS DE MOYENS DE CONTRÔLER LE PROJET ET DE GÉRER LES RISQUES. CET ARTICLE DE BLOG EXPLIQUE COMMENT AVOIR UNE HAUTE LIQUIDITÉ DE STAFFING POUR RENDRE POSSIBLE CETTE FLEXIBILITÉ MÉTIER.

IMAGINEZ UN PROJET OÙ L'INVESTISSEUR EST PRÊT À FINANCER UNE ANNÉE DE DÉVELOPPEMENT DU PROJET. D'UN CÔTÉ, À L'EXTRÊME, LE PROJET POURRAIT SOIT FAIRE UNE ITÉRATION ET TENTER DE LIVRER LE PROJET PARFAIT APRÈS UN AN. D'UN AUTRE CÔTÉ, IL POURRAIT CRÉER UNE NOUVELLE VERSION FONCTION-NELLE DU PROJET TOUS LES MOIS, CE QUI VOUDRAIT DIRE DOUZE ITÉRATIONS.

GÉRER LE RISQUE DE LIVRAISON

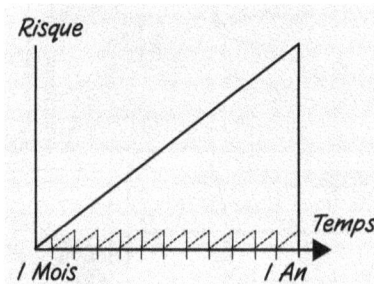

DANS CE DIAGRAMME, LA LIGNE SOLIDE REPRÉSENTE LE RISQUE DE LIVRAISON POUR LA SITUATION OÙ IL N'Y A QU'UNE ITÉRATION. COMME L'INVES-TISSEUR CONTINUE D'INVESTIR DE L'ARGENT ET N'A RIEN EN RETOUR, SON RISQUE CROÎT EN CONTINU. QUAND LE PROJET LIVRE, LE RISQUE DIMINUE.
LA LIGNE EN POINTILLÉ REPRÉSENTE L'APPROCHE EN DOUZE ITÉRATIONS. L'INVESTISSEUR CONTINUE À INVESTIR EN CONTINU, MAIS À CHAQUE LIVRAISON SON RISQUE CHÛTE COMME IL VOIT LES RÉSULTATS ET A DES OPPORTU-NITÉS POUR CHANGER DE DIRECTION**.

POUR LE PROJET À UNE ITÉRATION, L'INVESTISSEUR CONTINUE À INVESTIR ET NE VOIT OÙ IL EN EST VRAIMENT QU'APRÈS LA LIVRAISON AU BOUT D'UN AN.

POUR LE PROJET À DOUZE ITÉRATIONS, L'INVESTISSEUR VOIT OÙ IL EN EST 11 FOIS AVANT LA LIVRAISON « FINALE ».

DANS LEQUEL DES DEUX PROJETS INVESTIRIEZ VOUS ?

LES PROJETS FLEXIBLES

LE PROJET AVEC DOUZE ITÉRATIONS EST SIGNIFICATIVEMENT MOINS RISQUÉ PARCE QUE L'INVESTISSEUR A LES OPTIONS SUIVANTES :
1. ARRÊTER D'INVESTIR SI LE PROJET NE FAIT PAS LES PROGRÈS ATTENDUS
2. ARRÊTER D'INVESTIR SI LE PROJET DÉLIVRE LA VALEUR PLUS TÔT QUE PRÉVU
3. AUGMENTER L'INVESTISSEMENT SI LE PROJET A PLUS DE SUCCÈS QUE PRÉVU INITIALEMENT
4. CHANGER LA DIRECTION DU PROJET APRÈS AVOIR COLLECTER DES RETOURS DES UTILISATEURS / DU MARCHÉ.

DE FAÇON À POUVOIR BÉNÉFICIER DE CES OPTIONS, L'INVESTISSEURS DOIT ÊTRE CAPABLE DE CHANGER DE DIRECTION RAPIDEMENT. UN DES ASPECTS LES PLUS DIFFICILES POUR CELA EST LE STAFFING. SELON QUE L'INVESTISSEMENT AUGMENTE OU DIMINUE L'ÉQUIPE DOIT ÊTRE AUGMENTÉE OU DIMINUÉE.
DANS DE NOMBREUSES ORGANISATIONS, CELA PEUT PRENDRE PLUSIEURS MOIS DE REDIMENSIONNER UN PROJET. PENDANT L'INTERVALLE, LE PROJET AURA PEUT-ÊTRE MANQUÉ L'OPPORTUNITÉ OU UN COMPÉTITEUR AURA OCCUPÉ LE TERRAIN.

NOUS MESURONS CE DÉLAI DE RÉACTIVITÉ COMME LA LIQUIDITÉ DE STAFFING. LA LIQUIDITÉ DE STAFFING EST MESURÉE COMME LE TEMPS QU'IL FAUT ENTRE L'APPROBATION DE L'INVESTISSEMENT INITIAL ET LE MOMENT OÙ ON A UNE ÉQUIPE SOUDÉE PARFAITEMENT OPÉRATIONNELLE SUR LE PROJET.
UNE LIQUIDITÉ BASSE INDIQUE QU'IL EST DIFFICILE DE DÉPLACER LES PERSONNES ENTRE LES PROJETS ALORS QU'UNE LIQUIDITÉ ÉLEVÉE SIGNIFIE QU'IL EST FACILE DE MONTER DES PROJETS ET DE LES DÉMONTER, ET QU'ON LE FAIT VITE.
CELA S'APPLIQUE À L'INVESTISSEMENT INITIAL MAIS AUSSI À TOUS LES INVESTISSEMENTS INCRÉMENTAUX.

EN D'AUTRES TERMES, LA LIQUIDITÉ DE STAFFING EST LE TEMPS QU'IL FAUT POUR :

1)   EVALUER ET RECRUTER LE PERSONNEL
2)   SOUDER L'ÉQUIPE
3)   FORMER L'ÉQUIPE

ARCHIVES

DÉCEMBRE (2)

NOVEMBRE (1)

OCTOBRE (1)

SEPTEMBRE (1)

AOÛT (0)

JUILLET (0)

JUIN (0)

MAI (1)

AVRIL (0)

MARS (0)

FÉVRIER (0)

JANVIER (1)

ANNÉE PRÉCÉDENTE (5)

COMMENT ATTEINDRE UNE LIQUIDITÉ DE STAFFING ÉLEVÉE

LE MANAGEMENT DOIT CHERCHER EXPLICITEMENT UNE LIQUIDITÉ DE STAFFING ÉLEVÉE POUR L'OBTENIR. CELA NE SE PRODUIT PAS PAR HASARD. ON PEUT LA CRÉER COMME SUIT :
1) NE PAS AVOIR DE DÉPENDANCES VERS DES PERSONNES CLÉ
2) ALLOUER LES PERSONNES AVEC LE MOINS D'OPTIONS D'ABORD, CELLES AVEC LE PLUS D'OPTIONS ENSUITE.
3) DEMANDER AUX PERSONNES AVEC LE PLUS D'OPTIONS DE COACHER ET D'AIDER LES PERSONNES AVEC LE MOINS D'OPTIONS.

LA LIQUIDITÉ DE STAFFING EST UN AUTRE TERME POUR DIRE AVOIR DES OPTIONS SUR LA FAÇON DE DÉPLOYER LE PERSONNEL.

1. LES DÉPENDANCES VERS DES PERSONNES CLÉS.
LA DÉPENDANCE VERS DES PERSONNES CLÉS EST UNE MESURE DE LA DÉPENDANCE DE L'ORGANISATION VERS DES PERSONNES SPÉCIFIQUES. CES PERSONNES ONT DES CONNAISSANCES SPÉCIFIQUES QUI NE SONT PAS PARTAGÉES AVEC LES AUTRES. SI ELLES DÉMISSIONNENT OU SI QUELQUE CHOSE DE GRAVE LEUR ARRIVE, L'ORGANISATION EST DANS UN SÉRIEUX PROBLÈME.

LE RESPONSABLE DU RISQUE DE L'ORGANISATION DEVRAIT S'ASSURER QUE TOUS LES DÉPARTEMENTS ET GROUPES SONT CONSCIENTS DE LEURS DÉPENDANCES VERS DES PERSONNES CLÉS ET QU'ILS LES GÈRENT. GÉRER CES DÉPENDANCES CORRECTEMENT DONNE À L'ORGANISATION DES OPTIONS RÉELLES, QU'ELLE A PLUS DE DEUX PERSONNES CAPABLES DE RÉALISER CHAQUE FONCTION DANS L'ORGANISATION OU DANS UN GROUPE. C'EST FACILE À GÉRER.

CHAQUE ORGANISATION OU GROUPE CRÉER UNE GRILLE AVEC LES NOMS DES PERSONNES EN TÊTE DE COLONNE ET LES FONCTIONS EN TÊTE DE LIGNE. CHAQUE PERSONNE S'ÉVALUE SUR CHAQUE FONCTION.
"1" VEUT DIRE QU'IL SAIT RÉALISER LES BASES DE LA FONCTION
"2" VEUT DIRE QU'IL SAIT RÉALISER LA FONCTION CORRECTEMENT.
"3" VEUT DIRE QUE LA FONCTION N'A PLUS DE SECRET POUR LUI.

UNE FONCTION AVEC AU MOINS 3 PERSONNES AU NIVEAU « 3 » EST « VERTE » OU « SÉCURISÉE ». UNE FONCTION AVEC DEUX PERSONNES AU NIVEAU « 3 » EST « JAUNE » OU « A RISQUE ». UNE FONCTION AVEC UNE OU AUCUNE PERSONNE AU NIVEAU 3 EST « ROUGE » OU « RISQUÉE ». VOICI UN EXEMPLE.

	Statut	Tom	Dick	Harriot	Jones
Vente	Vert	3	3	3	2
Paye	Rouge	3	2	1	O
Production	Jaune	3	3	2	2

LE RESPONSABLE DU RISQUE DEMANDE AUX DÉPARTEMENTS D'ÉVALUER CE RISQUE SUR UNE BASE RÉGULIÈRE (PAR EXEMPLE TOUS LES 2 MOIS) ET DE TRACER LES CHANGEMENTS.

UN AUTRE FACTEUR IMPORTANT EST DE SAVOIR COMBIEN DE TEMPS CELA PREND POUR FORMER UNE PERSONNE SUR UNE FONCTION. LES FONCTIONS QUI DEMANDENT PLUS DE TEMPS DE FORMATION SONT PLUS RISQUÉES QUE CELLES QUE L'ON PEUT APPRENDRE VITE.

2. ALLOUER LES PERSONNES.

ALLOUEZ LES PERSONNES AVEC LE MOINS D'OPTIONS D'ABORD. DANS LE CAS DU DÉPARTEMENT CI-DESSUS, JONES SERAIT ALLOUÉ EN PREMIER. C'EST CELUI QUI A LE MOINS D'EXPÉRIENCE. LE PLACER SUR UN DES SUJETS OÙ IL A DE L'EXPÉRIENCE LUI PERMETTRAIT D'AMÉLIORER SES CONNAISSANCES ET DE DEVENIR NIVEAU « 3 » AVEC UN PEU DE TEMPS. HARRIOT SERAIT ALLOUÉE ENSUITE. ELLE IRAIT PROBABLE-MENT SUR LA PRODUCTION POUR LA FAIRE PROGRESSER. DICK SERAIT ALLOUÉ ENSUITE, IL FERAIT LA PAYE.

3. DEMANDER AUX PERSONNES AVEC LE PLUS D'OPTIONS DE COACHER.

ON N'ALLOUERAIT À TOM AUCUNE RESPONSABILITÉS. IL DEVRAIT ASSISTER LES AUTRES, PAR DES FORMATIONS, DU COACHING OU EN LES AIDANT D'UNE MANIÈRE OU D'UNE AUTRE. SI UN PROBLÈME APPARAÎT, IL SERA IMMÉDIATEMENT DISPONI-BLE POUR LE TRAÎTER. DE FAÇON À PROTÉGER NOTRE LIQUIDITÉ, TOM GÈRE LE PROBLÈME AVEC DICK, HARRIOT OU JONES, DE FAÇON À CE QU'ILS EN PRENNENT LA RESPONSABILITÉ UNE FOIS LA SOLUTION IDENTIFIÉE, ET QU'ILS LIBÈRENT TOM POUR ÊTRE INSTANTANÉMENT DISPONIBLE POUR ADRESSER LE PROCHAIN PROBLÈME DE PRIORITÉ ÉLEVÉE.

LE RÔLE DU MANAGEMENT EST DE GÉRER LA LIQUIDITÉ DE SON PÉRIMÈTRE DE RESPONSABILITÉ. IDÉALEMENT, L'ÉQUIPE ELLE-MÊME GÈRE SA LIQUIDITÉ, MAIS DANS LE CAS OÙ ELLE NE LE FAIT PAS, LA RESPONSABILITÉ EN INCOMBE AU MAN-AGER. C'EST PLUS PARTICULIÈREMENT VRAI DANS LE CAS OÙ CERTAINS MEMBRES D'ÉQUIPE RENDENT DIFFICILE L'APPRENTISSAGE DE CE QU'ILS SAVENT PAR D'AU-TRES DE FAÇON À RESTER L'HOMME CLÉ DE FAÇON À AMÉLIORER LA SÉCURITÉ DE LEUR EMPLOI.

A QUEL POINT A-T-ON BESOIN D'ÊTRE LIQUIDE ?

COMME POUR LES MARCHÉS FINANCIERS, LA LIQUIDITÉ NE SIGNIFIE PAR QUE TOUTE L'ORGANISATION A BESOIN DE CHANGER DE PROJET IMMÉDIATEMENT. UNE PETITE PROPORTION (5-10%) DEVRAIT ÊTRE LIQUIDE. C'EST SUFFISANT POUR RÉPONDRE RAPIDEMENT ET MONTER LE RESTE DE L'ÉQUIPE PLUS TARD.

CECI DIT, TOUTE ALLOCATION DE PERSONNES SUR UN NOUVEAU PROJET OU TOUT INVESTISSEMENT SUPPLÉMENTAIRE SUR UN PROJET EXISTANT RÉDUIT LA LIQUIDITÉ DE L'ORGANISATION. DES ACTIONS DOIVENT ÊTRE PRISES POUR LIBÉRER CETTE LIQUIDITÉ LE PLUS TÔT POSSIBLE DE FAÇON À POUVOIR RÉPONDRE AU MIEUX À LA PROCHAINE SITUATION, ET AUSSI VITE.

ARCHIVES

DÉCEMBRE (2)

NOVEMBRE (1)

OCTOBRE (1)

SEPTEMBRE (1)

AOÛT (0)

JUILLET (0)

JUIN (0)

MAI (1)

AVRIL (0)

MARS (0)

FÉVRIER (0)

JANVIER (1)

ANNÉE PRÉCÉDENTE (5)

** MERCI À KEVIN TATE D'AVOIR PARTAGÉ AVEC NOUS CE DIAGRAMME.

CHAPITRE SIX

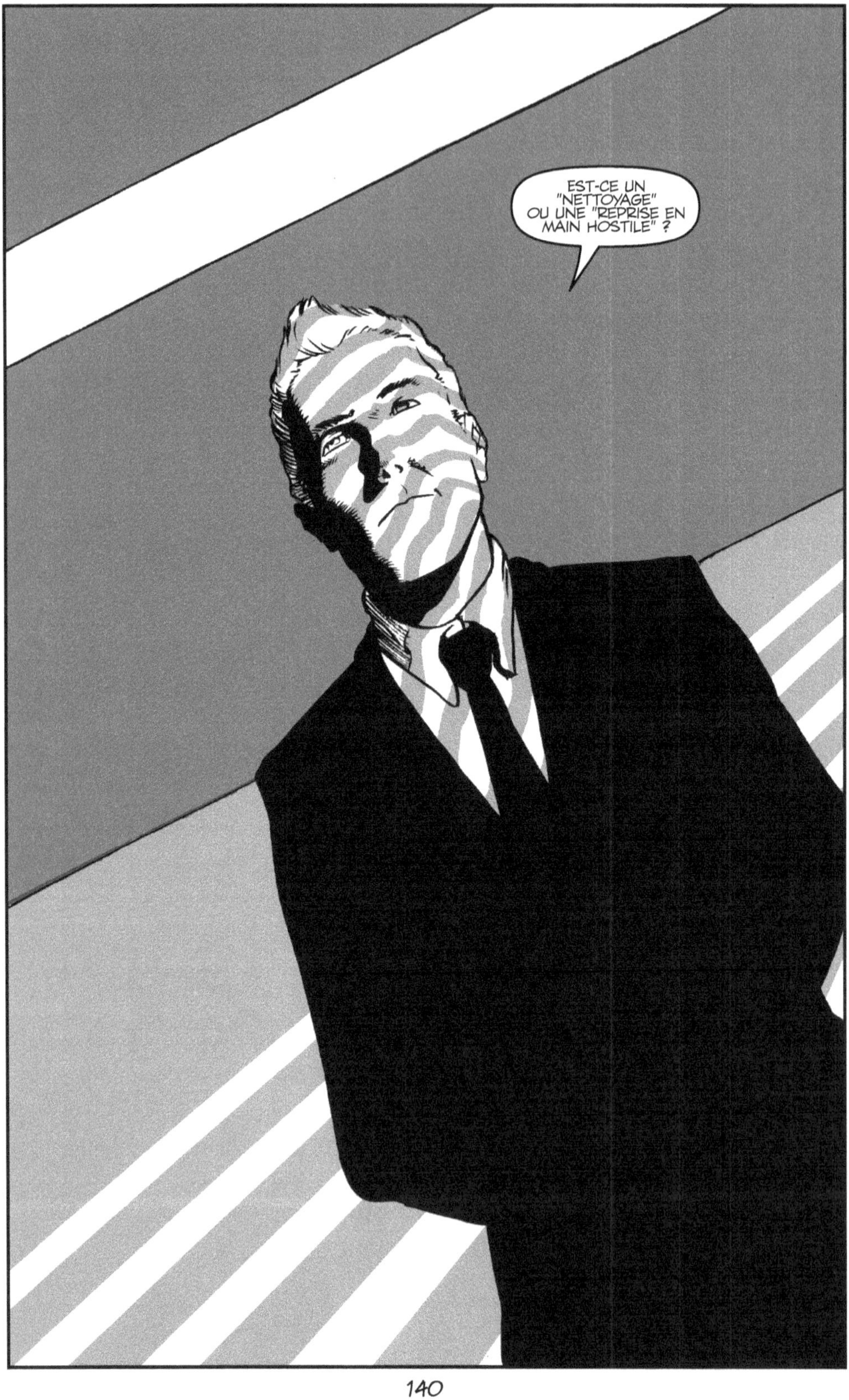
EST-CE UN "NETTOYAGE" OU UNE "REPRISE EN MAIN HOSTILE" ?

NON, NON. CE N'EST RIEN DE TOUT CELA.

C'EST ESSENTIELLEMENT UN EXERCICE DE COLLECTE D'INFORMATION.

NOUS AVONS ENTENDU DES CHOSES ET NOUS VOULONS QUE VOUS ALLIEZ Y JETER UN COUP D'OEIL --

-- ET NOUS AVONS BESOIN DE SAVOIR CE QUI DOIT ÊTRE FAIT.

VRAIMENT ?

VOUS ÊTES SÛRS QUE JE SUIS LA BONNE PERSONNE POUR FAIRE ÇA ?

J'AI MON PROPRE PROJET À GÉRER.

NOUS LE SAVONS BIEN, MAIS CE PROJET A UNE HISTOIRE ASSEZ PERTURBÉE --

-- ET NOUS AVONS BESOIN DE SAVOIR CE QUI DOIT ÊTRE FAIT.

NOUS AVONS CONFIANCE EN VOUS. VOUS SAUREZ CE QU'IL FAUT REGARDER.

DE QUEL PROJET S'AGIT-IL ?

ROSE. AU SECOND ÉTAGE.

ELLE ?

JE PENSAIS QU'ELLE ALLAIT BIEN

ELLE S'EN SORTAIT BIEN.

COMME NOUS L'AVONS DIT. IL S'AGIT JUSTE D'INFORMATION.

SI LE PROJET ÉCHOUE, CELA PEUT AVOIR DES IMPLICATIONS GRAVES POUR L'ENTREPRISE.

NOUS AVONS JUSTE BESOIN DE NOUS ASSURER QUE NOUS FAISONS CE QU'IL FAUT.

OK

JE VAIS ALLER VOIR.

141

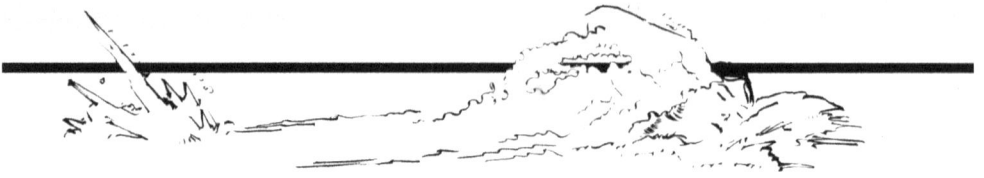

24 Février   Dimanche

Chère Susan,

J'ai toujours pensé que la théorie des jeux était un truc pour les geeks du département de mathématiques et d'informatique. Je n'ai jamais réalisé qu'elle s'appliquait à la vie réelle ni à quel point il était utile de savoir comment les groupes fonctionnent.

Le dilemme du prisonnier est l'histoire / le jeu expliqué par la théorie des jeux le plus populaire. Dans le dilemme du prisonnier, deux hommes sont arrêtés pour le même crime. La peine qu'ils reçoivent dépend du fait qu'ils témoignent ou non contre l'autre personne et du fait que l'autre personne témoigne ou non contre eux. Les peines sont :
-        Aucun prisonnier ne témoigne : une année pour chacun
-        Les deux prisonniers témoignent : deux ans pour chacun
-        Un témoigne et l'autre pas : celui qui témoigne est libre et celui qui ne témoigne pas prend trois ans.

Évidemment, la meilleure solution est de témoigner contre l'autre en espérant qu'il ne le fera pas. Si ce jeux est joué de manière répétée dans un jeu « infini », cela amène les deux joueurs à témoigner à chaque tour. En conséquence, le système a échoué car les deux joueurs prennent deux ans.

Dans les années soixante, le Département de la Défense Américain a demander à Robert Schilling de trouver une stratégie de théorie des jeux pour battre l'Union Soviétique. Il a développé la Stratégie du conflit. L'aspect principal de la Stratégie du conflit est de retenir l'information et de ne pas laisser la compétition négocier directement avec le décideur. La Stratégie du conflit est la meilleure stratégie pour optimiser la performance individuelle avant que le système n'échoue. Une fois que le système échoue, les participants commencent à collaborer. L'aspect principal de la collaboration est le partage d'information.

Si l'on considère la dynamique des groupes dans le contexte de la Théorie des jeux. Quand un groupe se forme, chaque membre du groupe retient l'information et essaie de gagner, où, pour le dire autrement, ils adoptent la Stratégie du conflit. Comme ce comportement continue, les conflits commencent à se produire puisque les membres du groupe commencent à échouer. Après l'échec du groupe, les membres commencent à partager l'information les uns avec les autres.

Il est même possible que le groupe devienne efficace pour ce qui est de s'assurer que chaque membre a l'information dont il a besoin pour prendre la bonne décision. Une autre façon de regarder cela est de dire que le groupe traverse les stades de formation, débat (échec), norme et performance. Cette séquence, connue comme le modèle de Tuckman de performance d'un groupe est considérée comme inévitable pour les groupes.

Des Options réelles, nous savons que le comportement des gens montre que leur préférence est « Avoir Raison » ou « Avoir tort » et ensuite « Être incertain », une façon d'éviter l'incertitude. Cela veut dire que s'il y a suffisamment d'incertitude, le groupe va percevoir la situation comme un échec et commencer à collaborer. Un bémol : un groupe qui collabore va basculer dans le conflit s'il y a trop d'incertitude pour une période donnée. Les managers qui lancent des réorganisations feraient bien d'en prendre note. Une réorganisation faite lentement cause beaucoup plus de dommages qu'une réorganisation menée rapidement, parce qu'elle court le risque de mettre en danger la collaboration. Une réorganisation faite rapidement et raisonnablement correcte est meilleure qu'une réorganisation lente et parfaite.

Une autre leçon importante de ce modèle est que quiconque interdit ou supprime le conflit empêche le développement sain du groupe. En fait, accélérer le conflit et le faire se déclencher plus tôt fera progresser le groupe plus vite et s'engager dans des conflits plus petits que les plus gros conflits causés par des sentiments non exprimés. L'équipe développe des compétences de résolution de conflit plutôt que d'évitement de conflit. Je trouve que l'humour et titiller les gens sont des outils puissants pour ça. Il faut juste que je m'assure de ne pas offenser trop les gens.

Une dernière idée avant d'aller frapper le sac de sable. L'opposé d'une bonne relation n'est pas une mauvaise relation. C'est pas de relation du tout. Ce que je recherche maintenant au sein de l'équipe c'est le gens qui ne communiquent pas entre eux. Une fois que j'ai identifié un manque de communication, il y a un million de stratégies pour les amener à communiquer. Cette non communication est souvent le résultat direct d'une culture de l'évitement du conflit où on n'autorise pas les gens à débattre. Ceux qui cachent les choses sous la table ne pensent qu'à eux, ils sont en conflit direct avec la santé du groupe.

Bon nuit, Susan

147

BIEN, J'AI FINI MON TOUR...

.... ALLONS DISCUTER DANS MON BUREAU.

150

C'EST TON BUREAU ?

OUI. UN BON ENDROIT POUR M'ÉLOIGNER DES REGARDS ET DES OREILLES INDISCRÈTES.

CELA SORT LES GENS DU MODE 'BUREAU'.

UN BON ENDROIT POUR OBSERVER LES GENS.

TU ES SÛRE QUE TU NE VEUX PAS MANGER ?

ILS FONT DE BONS SANDWICHES. DES GÂTEAUX AUSSI.

J'AI DE QUOI MANGER AU BUREAU.

JE MANGERAI PLUS TARD.

COMME TU VEUX.

DONC, C'EST TA SŒUR QUE J'AI VUE AVEC TOI IL Y A QUELQUES TEMPS ?

VOUS VOUS RESSEMBLEZ.

ON NOUS LE DIT SOUVENT.

POURQUOI SOMMES NOUS ICI ? POURQUOI SUIS-JE SOUS OBSERVATION ?

TU N'AIMES PAS QUE L'ON TE REGARDE ?

JE TE DEMANDE PARDON ?

DONC PARLE MOI DE TON APPROCHE.

IL Y A DES ASPECTS ABSURDES.

151

CE QUE J'UTILISE S'APPELLE LES 'OPTIONS RÉELLES'.

TU EN AS ENTENDU PARLER ?

JE SUIS CHEF DE PROJET DEPUIS UN CERTAIN TEMPS MAINTENANT --

-- JE CONNAIS UN ÉVENTAIL D'APPROCHES.

QU'ENTENDS TU PAR 'OPTIONS RÉELLES' ?

DONC, LES OPTIONS RÉELLES SONT TROIS PRINCIPES QUI TIENNENT AU DOS D'UNE CARTE DE VISITE.

NOTRE PROJET UTILISE UN CERTAIN NOMBRE DE PRATIQUES QUI SONT ALORS BASÉES SUR CES PRINCIPES.

OUI, TU SEMBLE PARVENIR À BIEN LES METTRE EN ŒUVRE.

CE QUI M'A LE PLUS SURPRIS C'EST QUE LES OPTIONS RÉELLES SONT UN PROCESSUS DE DÉCISION RATIONNEL...

... MAIS IL APPARAÎT QUE LA PLUPART DES GENS NE LE SONT PAS.

ET JE SUIS SÛR QUE LA PLUPART DES GENS NE L'ACCEPTERAIENT PAS.

BIEN, L'APPROCHE DE LA DÉCISION LA PLUS RATIONNELLE SERAIT DE PRÉFÉRER D'ABORD 'ÊTRE DANS LE VRAI', ET SI CE N'EST PAS POSSIBLE PARVENIR À 'RESTER INCERTAIN' ...

... ET EN DERNIER LIEU SEULEMENT ÊTRE CERTAIN QUE L'ON A 'TORT'.

OK, ET ALORS ?

QUAND TU OBSERVES LE COMPORTEMENT DES GENS, ILS NE FONT PAS ÇA.

ILS DÉTESTENT TELLEMENT L'INCERTITUDE QU'ILS VEULENT ABSOLUMENT PRENDRE UNE DÉCISION 'MAINTENANT', MÊME S'ILS RISQUENT D'ÊTRE DANS L'ERREUR ...

... DONC DEVANT LE CHOIX ENTRE 'MAUVAIS' ET 'INCERTAIN' ILS PRÉFÈRERONT LA CERTITUDE.

QU'EST-CE QU'IL FAUT EN CONCLURE ?

QU'AU LIEU D'AVOIR UNE INCERTITUDE TOTALE, NOUS DEVONS CRÉER UNE INCERTITUDE LIMITÉE OU CONDITIONNELLE.

TU PARLES DE GESTION DE PROJET OU DE MÉCANIQUE QUANTIQUE ?

QUEL EST LE LIEN AVEC CETTE PLANÈTE ?

OK ...

... LA SEMAINE DERNIÈRE DANS UNE RÉUNION.

154

JE DOIS DIRE QUE C'ÉTAIT UNE PREMIÈRE.

JE NE L'AVAIS JAMAIS VU REPORTER UN ENGAGEMENT.

PEUT-ÊTRE QUE PERSONNE NE LUI A PROPOSÉ CETTE OPTION AVANT.

INTÉRESSANT.

EN FAIT JE PENSE QUE LA CHOSE LA PLUS INTÉRESSANTE EST LA MANIÈRE AVEC LAQUELLE LES OPTIONS RÉELLES INTERAGISSENT AVEC LA THÉORIE DES JEUX.

LA THÉORIE DES JEUX ? ON DIRAIT QUELQUE CHOSE UTILISÉ EN ENTRAÎTEMENT AU COMBAT.

COMMENT EST-CE QUE CELA MARCHE ?

LE DILEMNE DU PRISONNIER CONSISTE À CHOISIR ENTRE PERDRE ET GAGNER.

LA COLLABORATION NE SE PRODUIT QUE SI TOUT LE MONDE PERD TOUT LE TEMPS.

JE NE VOIS PAS LE LIEN AVEC LES OPTIONS RÉELLES.

EH BIEN LES GENS DÉTESTENT L'INCERTITUDENT PLUS QU'ILS NE DÉTESTENT AVOIR TORT.

JE VOIS, DONC SI TU INJECTE DE L'INCERTITUDE, LES PERSONNES ONT LA SENSATION DE PERDRE, ET COMMENCENT À COLLABORER.

ATTEN-TION.

C'EST JUSTE UNE SENSATION DE PERTE POUR TOUT LE MONDE.

POURTANT LE SYSTÈME NE PERD PAS.

155

3 Mars   <u>Dimanche</u>

Chère Susan,

Depuis que Lilly m'a expliqué les options réelles, ma vision du monde ne cesse de changer. Je commence à voir des options partout. C'est comme quand on se concentre sur la couleur rouge, tous les éléments qui vous entourent avec du rouge sortent du lot. Vous ajustez votre filtre de perception. C'est pareil avec les options, quand vous êtes initié, il semble y en avoir partout. Et le pire ce que je ne peux plus arrêter d'en voir.

Tout semble être optionnel, quand on commence à y penser en ces termes. Cela devient juste une question de prix à payer pour qu'un choix soit une option au lieu d'un engagement. Ce prix apparaît sous de multiples formes. Si vous gérez les rencontres avec vos amis comme étant systématiquement une option, au bout d'un moment ils ne vous compteront plus comme l'un des leur. Je dois rester ouverte et le faire à bon escient, sinon les gens vont commencer à ne plus me trouver fiable. Même les initiés, qui pourraient tout juste me comprendre.

Cette abondance d'options disponibles m'écrase. A tel point que la semaine dernière j'ai eu l'impression que je ne pourrais pas gérer toute l'information que je recevais. Si tout est une option que je veux traiter comme telle j'ai besoin de manipuler une grande masse d'information. Je me suis vu ne pas décider du tout. Un peu comme une paralysie des décisions, il y a tant de choix possibles que je ne peux pas décider et donc je ne décide pas.

Et ce fut une révélation très intéressante : je préférais ne pas décider que de choisir quelque chose qui n'était pas la solution parfaite. De cette façon, je ne pouvais pas m'en vouloir à moi-même, mais à quelque chose ou quelqu'un d'autre. Je préférais plutôt perdre le bénéfice de choisir quelque chose que de prendre la responsabilité de faire le « mauvais » choix. Était-ce parce que j'avais peur du mauvais choix ou bien parce que j'étais juste mal à l'aise avec l'incertitude, au point de choisir d'éviter toute la situation ?

Je suis tombée sur une vidéo « TED » sur le web. Sheena Lyengar racontait des expériences très intéressantes qu'elle a faites avec ses collègues. Ils ont découvert que c'était une mauvaise chose que d'avoir trop de choix. A cause d'un excès de choix (ou de ce que j'appelle la paralysie de la décision) les gens font les mauvais choix, même s'il s'agit de leur propre intérêt. L'excès de choix réduit l'engagement, la qualité de la décision et la satisfaction. En outre, contrairement à ce que j'imaginais, avoir plus d'information n'aide pas à faire de meilleurs choix. Les visualisations aident, en revanche.

Il s'avère que Barry Schwartz a des idées similaires sur la prise de décision. Il a écrit le livre « Comment la culture de l'abondance éloigne du bonheur ». Je l'ai dévoré en une nuit. Nous souffrons d'une surabondance de choix. Un petit choix vaut mieux que de ne pas avoir de choix, mais avoir trop de choix place le fardeau du choix sur celui qui choisit. Ce dernier doit investir du temps et de l'énergie, tout en s'exposant aux regrets, à en vouloir toujours plus et à se blâmer lui-même pour ses décisions.

Barry Schwart et Sheena Lyengar ont fait des recommandations similaires. Je me les suis appropriées et les liste comme suit :
- Réfléchir à ce que l'on traite ou non comme une option. Tout ce qui est optionnel n'a pas besoin d'être traité en tant que tel.
- Réfléchir à engagements que l'on prend ou non. Prendre des engagements irréversibles m'aide à mettre mon esprit à l'aise.
- Ne pas mettre la barre trop haut.
- Se laisser du temps pour s'habituer progressivement à penser en termes d'options.

Bien que j'aime penser en termes d'options, j'ai besoin d'apprendre à maîtrise le rythme de mon apprentissage.

Penser en terme d'options pour les choix importants. Se contenter de l'acceptable pour beaucoup d'autres choix. Accepte un choix acceptable au lieu de chercher à trouver le choix optimal.

Bonne nuit, Susan. On se voit bientôt.

SAUF POUR CEUX QUI APPRÉCIENT L'INCERTITUDE.

HEUREUSEMENT, ILS SONT PEU NOMBREUX.

LES OPTIONS RÉELLES SONT BASÉES SUR LA THÉORIE DES OPTIONS FINANCIÈRES, BLACK SCHOLES PAR EXEMPLE.

COMMENT ÉVALUES TU LES OPTIONS QUAND TU UTILISES LES OPTIONS RÉELLES ?

J'AI LU UNE SUPER BANDE DESSINÉE SUR LE BLOG DU COACH LÀ DESSUS.

BIEN QUE NOUS SACHIONS QUE LES OPTIONS ONT UNE VALEUR.

NOUS NE POUVONS PAS UTILISER DE FORMULES FINANCIÈRES POUR LES ÉVALUER.

PEUX-TU EXPLICITER ?

EH BIEN DE NOMBREUSES OPTIONS RÉELLES N'ONT PAS D'INSTRUMENT SOUS-JACENT.

LA PLUPART ONT UNE DATE D'EXPIRATION CONDITIONNELLE...

... DU GENRE 'JUSQU'À CE QUE CUBA CHANGE DE RÉGIME OU QUE LE MUR DE BERLIN TOMBE' --

-- PLUTÔT QU'UNE DATE ET HEURE SPÉCIFICIÉES CONTRACTUELLEMENT.

159

EH ! COMMENT ÇA VA ?

OÙ ES TU ?

ÇA NE SONNE PAS BIEN.

OH...

JE FAIS DU SHOPPING...

QUI EST-IL ? QUI A BESOIN DE PARLER ?

CE N'EST PAS ÇA.

JE ME SENS IDIOTE.

IL Y A QUELQUE CHOSE QUI NE DEVRAIT PAS AVOIR DE SIGNIFICATION QUI S'EST PRODUIT ET QUI M'A COLLÉ UN COUP DE POING.

J'AIMERAIS BIEN.

NON, JE SUIS SERIEUSE.

ET BIEN COLLE LUI UN COUP DE POING EN RETOUR.

TON SALON DE GYM FAIT DU KICK BOXING OU UN TRUC DE CE GENRE ?

VA Y ET FRAPPE QUELQU'UN.

TU TE SENTIRAS MIEUX.

JE SUIS AU TRAVAIL.

ET ALORS ?

C'EST ÇA QUE ÇA VEUT DIRE AVOIR DES RESPONSABILITÉS.

DIS À TES SOUS-FIFFRES QUE TU VAS À UNE RÉUNION HORS SITE ET QUE TU NE DOIS UNIQUEMENT ÊTRE DÉRANGÉ EN CAS D'URGENCE.

TOUT LE MONDE FAIT ÇA TOUT LE TEMPS. TON ÉQUIPE PEUT SE DÉBROUILLER TOUTE SEULE EN TON ABSENCE.

PEUT-ÊTRE.

NON.

FAIS LE.

VA À LA SALLE DE GYM. FRAPPE QUELQU'UN, ET JE TE REJOINS ET ON SORT DISCUTER DE TOUT ÇA.

JE T'AMÈNERAI MÊME DE QUOI TE FRINGUER.

JE NE SAIS PAS.

JE SAIS, MOI, TU LE FAIS.

MONTRE LEUR À TOUS CE QU'ILS RATENT.

MAINTENANT RACCROCHE, EXCUSE TOI ET VA FRAPPER

BRRRRRRRR

163

THMMP

... par n'importe quel autre nom ...

COMMENT ÉVALUER LES OPTIONS RÉELLES ?   6 MARS

CES DERNIERS JOURS JE SUIS REMONTÉE AUX ORIGINES DES OPTIONS RÉELLES, À SAVOIR LES MATHÉMATIQUES FINANCIÈRES ET EN PARTICULIER L'EQUATION DE BLACK ET SCHOLES. J'AI TROUVÉ DE NOMBREUX ARTICLES ET BLOGS OÙ LES AUTEURS EXPLIQUAIENT COMMENT INJECTER LES NOMBRES DANS LE « CALCULA- TEUR DE PRIX D'OPTION BLACK SCHOLES » POUR AIDER LES GENS À ÉVALUER LEURS OPTIONS RÉELLES. JE SUIS TOMBÉE SUR UNE BANDE DESSINÉE SUR LE BLOG WWW.DECISION-COACH.COM LES DEUX AUTEURS AVAIENT ÉCRIT UN ARTICLE EXPLIQUANT POURQUOI BLACK SCHOLES EST FAUX POUR ÉVALUER LES OPTIONS RÉELLES.

LE CONCEPT DE L'ÉQUATION DE BLACK & SCHOLES EST ASSEZ SIMPLE AU FOND. SUPPOSEZ QUE VOUS POUVEZ ACHETER UNE OPTION. VOUS AVEZ LE DROIT DE FAIRE QUELQUE CHOSE MAIS PAS L'OBLIGATION. L'OPTION EXPIRE DANS UN AN. VOUS AVEZ DÉJÀ DÉTERMINÉ QUE LA TRANSACTION A TROIS ISSUES POSSIBLES : UNE QUI NE RAPPORTE RIEN, UNE QUI RAPPORTE 26$ ET LA DERNIÈRE POSSIBILITÉ QUI RAPPORTE 100$. COMBIEN CELA VAUT-IL D'AVOIR CETTE OPTION ?

CE QUE VOUS DEVEZ FAIRE, C'EST DE DÉTERMINER L'ÉTENDUE DES RÉSULTATS POSSIBLES ET ASSIGNER LA PROBABILITÉ QUE CHAQUE RÉSULTAT SE PRODUISE. METTONS ÇA DANS LA TABLE CI-DESSOUS. NOUS SAVONS QUE NOUS AVONS TROIS ISSUES POSSIBLES : A, B ET C. ET NOUS CONNAISSONS AUSSI LE RÉSULTAT FINAN- CIER DE CHACUNE. AVEC UN PEU DE RECHERCHE NOUS POUVONS DÉTERMINER LA PROBABILITÉ DE CHACUNE. MULTIPLIEZ LA VALEUR DE CHAQUE RÉSULTAT PAR LA PROBABILITÉ DE SON OCCURRENCE ET FAITES LA SOMME. LE RÉSULTAT DE CETTE SOMME EST LA VALEUR FUTURE, DANS CE CAS 33$.

Issue Future	Résultat	Probabilité	Valeur * Probabilité
A	O$	0.3	O$
B	26$	0.5	13$
C	100$	0.2	20$
Sum	N/A	N/A	33$

ARCHIVES

MARS (1)

FÉVRIER (1)

JANVIER (2)

ANNÉE PRÉCÉDENTE

(7)

NOUS N'AVONS PAS ENCORE FINI. L'OPTION VAUT 33$ DANS LE FUTUR, DANS UN AN. MAINTENANT QUE VAUT-ELLE MAINTENANT ?
POUR CE CALCUL, SUPPOSONS QUE LE TAUX D'INTÉRÊT EST 10%, CE QUI VEUT DIRE QUE POUR 100$ QUE VOUS METTREZ DANS VOTRE COMPTE BANCAIRE VOUS RECEVREZ 10$ EN INTÉRÊT, DONC VOUS AUREZ 110$

COMBIEN D'ARGENT DEVRIEZ VOUS METTRE AUJOURD'HUI DANS VOTRE COMPTE BANCAIRE POUR AVOIR $33 DANS UN AN SI LE TAUX D'INTÉRÊT EST 10% ?

C'EST 30$, DONC AVOIR L'OPTION AUJOURD'HUI VAUT 30$.

CA N'A PAS L'AIR COMPLIQUÉ. POUVEZ VOUS IMAGINER POURQUOI CEUX QUI SONT ARRIVÉS À L'ÉQUATION BLACK & SCHOLES ONT REÇU UN PRIX NOBEL ? OÙ EST L'ASTUCE ? LA RÉPONSE EST DANS LE CALCUL DES PROBABILITÉS. DANS L'EXEMPLE NOUS AVONS DIT QUE NOUS NOUS DÉBROUILLIONS POUR TROUVER LES PROBABILITÉS, MAIS LE CALCUL DES PROBABILITÉS EST BEAUCOUP PLUS DIFFICILE QU'IL N'EN A L'AIR, ET IMPLIQUE DES CONCEPTS ASSEZ AVANCÉS COMME LES CHAÎNES DE MARKOV, LE LEMME D'ITO, LA THÉORIE DE GIRSARNOV ET LE CONCEPT DE NEUTRALITÉ DU RISQUE. LA NEUTRALITÉ DU RISQUE REVIENT À UTILISER LES PROBABILITÉS QUE LES TURFISTES UTILISENT POUR LES COURSES DE CHEVAUX PLUTÔT QUE D'ESSAYER DE TROUVER LES VRAIES PROBABILITÉS. TROUVER LES VRAIES PROBABILITÉS EST IMPOSSIBLE SANS MACHINE À VOYAGER DANS LE TEMPS.

DANS LEUR BANDE DESSINÉE, LES AUTEURS SUR LES OPTIONS RÉELLES METTAIENT EN AVANT LE FAIT QUE BLACK & SCHOLES FONCTIONNE BIEN POUR LES MARCHÉS FINANCIERS POUR DES RAISONS TECHNIQUES. DANS LE MONDE RÉEL, LA LIQUIDITÉ DÉPASSE TOTALEMENT L'ÉQUATION. EN FAIT, TOUTES LES HYPOTHÈSES DANS BLACK & SCHOLES ET TOUTES LES VARIABLES D'ENTRÉES DE L'ÉQUATION DEVIENNENT INVALIDES QUAND ON QUITTE LE MODE FINANCIER POUR REJOINDRE LE MONDE RÉEL DES OPTIONS RÉELLES. DANS UNE VIDÉO AMUSANTE, LES AUTEURS DÉMONTRENT QU'IL N'Y A EN FAIT AUCUN MOYEN DE DÉTERMINER LA VALEUR D'UNE BOUTEILLE D'EAU. UNE BOUTEILLE D'EAU PEUT ÊTRE SANS VALEUR OU VALOIR LA VIE D'UNE PERSONNE, SELON LE CONTEXTE. AUTRE EXEMPLE : COMMENT ÉVALUERIEZ VOUS L'OPTION D'EMBRASSER QUELQU'UN ?

LES AUTEURS AVANCENT AUSSI QUE BLACK & SCHOLES EST DANGEREUSE PARCE QUE SA COMPLEXITÉ PEUT DISSUADER LES GENS DE REMETTRE LES ÉVALUATIONS EN QUESTION.

ARCHIVES

MARS (1)

FÉVRIER (1)

JANVIER (2)

ANNÉE PRÉCÉDENTE

(7)

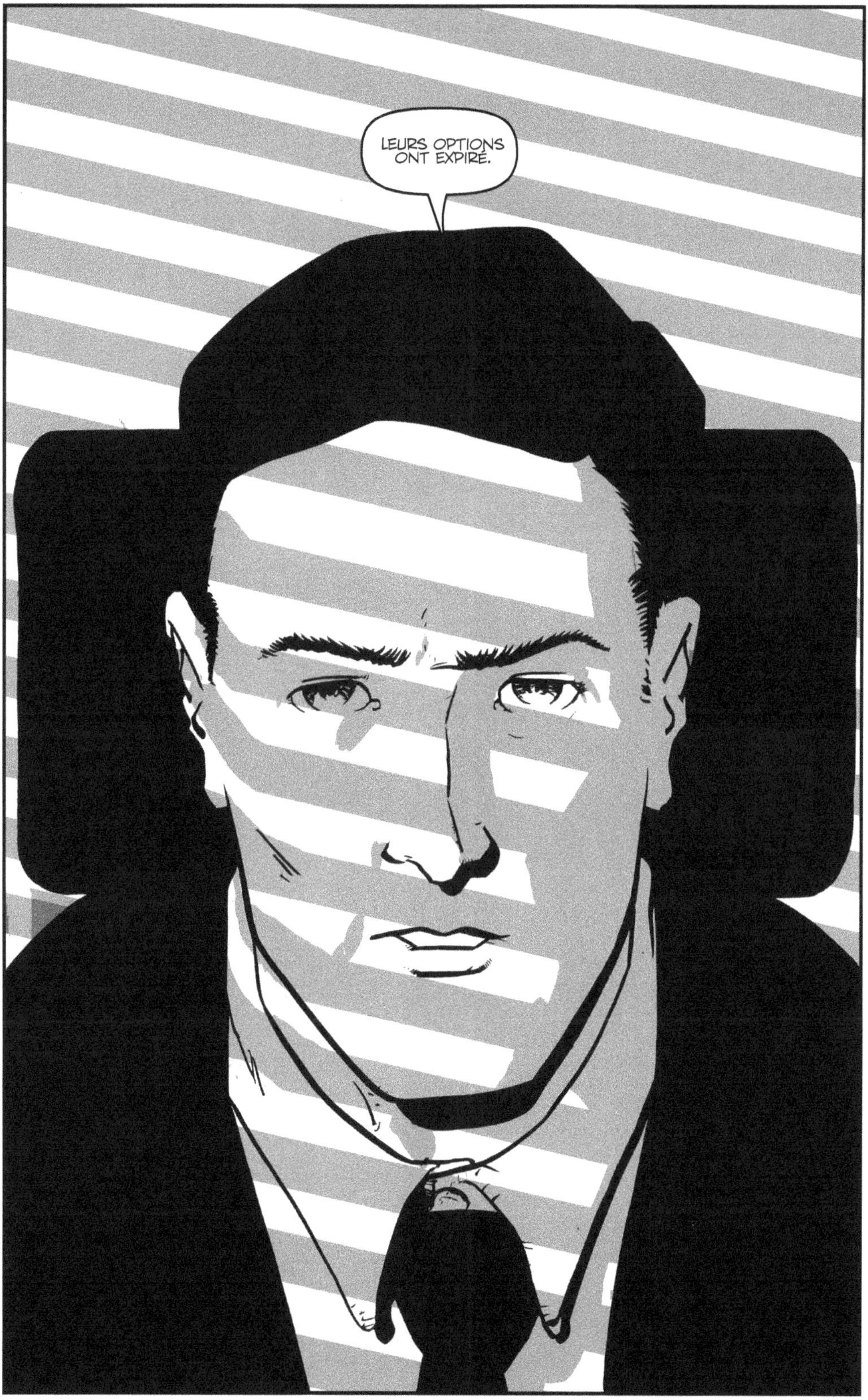
LEURS OPTIONS ONT EXPIRÉ.

CHAPITRE SEPT

PARDON ?

CE N'EST PAS TRÈS ROMANTIQUE.

... JE PENSE QUE TU DEVRAIS AVOIR UNE AUTRE LIGNE DE DIALOGUE.

LILLY !

TU AS DIT QUE TOUT ALLAIT BIEN !

QU'EST-CE QUE TU LEUR A DIT ??

QU'EST-CE QUI A CHANGÉ ?

RIEN.

JE N'EN AI PAS EU LA POSSIBILITÉ.

ILS ONT JUSTE DIT QUE LA PLUS GRANDE CLIENTE AVAIT CHANGÉ D'AVIS ET ARRÊTÉ SON INVESTISSEMENT.

ILS ONT DONNÉ UNE RAISON ?

ELLE A DIT QUE C'ÉTAIT TROP RISQUÉ.

POURQUOI AURAIT-ELLE DIT ÇA ?

JE NE SAIS PAS. C'EST TOUT CE QU'ILS ONT DIT.

MERCI.

JE SUIS PEUT-ÊTRE UN PEU IVRE, MAIS JE LE CROIS.

POURQUOI TU N'ES PAS VENU ME LE DIRE AU BUREAU?

J'AI ESSAYÉ MAIS TU ÉTAIS PARTIE.

J'AI ESSAYÉ D'APPELER, MAIS TU N'AS PAS RÉPONDU.

J'AI ENSUITE OBTENU TON ADRESSE D'UN MEMBRE DE TON ÉQUIPE, ET JE SUIS VENU ICI.

QUAND AS-TU APPELÉ?

J'AVAIS MON TÉLÉPHONE SUR MOI TOUTE LA JOURNÉE.

AH...

IL EST EN MODE SILENCIEUX...

178

JE NE PENSE PAS QUE CELA SERVE À GRAND CHOSE D'ALLER AU LIT.

JE FERAIS AUSSI BIEN DE ME PRÉPARER ET D'ALLER SUR PLACE SI JE PEUX NOUS SORTIR DE LÀ.

DU LAIT ET DU SUCRE ?

LE PLUS SIMPLE.

TU Y VAS MAINTENANT?

CELA VEUT DIRE QUE TU N'UTILISE PAS LE LIT ?

COOL.

OÙ VAS-TU ?

DORMIR. IL EST PRESQUE TROIS HEURES DU MATIN.

NON, TU VIENS AVEC MOI.

C'EST TOI QUI M'A MIS DANS CETTE SITUATION.

QUOI ? ALLONS, ROSIE.

IL N'Y A PAS DE "ALLONS." J'ÉTAIS PRÊTE À PARTIR.

TU M'AS CONVAINCUE DE RESTER.

EEEEET, SI TU N'AVAIS PAS SUGGÉRÉ QUE JE PARTE TÔT AUJOURD'HUI, J'AURAIS PU FAIRE QUELQUE CHOSE PLUS TÔT.

TU VAS M'AIDER.

... OK ...

LAISSE MOI ME CHANGER.

NE T'ASSIEDS PAS.

NOUS DEVONS TOUS NOUS CHANGER.

PRENDS TON CAFÉ ET ATTENDS SUR LE BALCON JUSQU'À CE QUE NOUS SOYONS PRÊTES.

JE N'AI PAS FAIT TOUT CE CHEMIN...

... POUR ABADONNER MAINTENANT.

179

OK, JE PENSE QUE VOUS ÊTES TOUS LÀ.

BONJOUR À TOUS.

IL FALLAIT QUE L'ON AIT UNE RÉUNION AVANT DE COMMENCER LA JOURNÉE.

CETTE JOURNÉE COMMENCE PAR DE MAUVAISES NOUVELLES.

LE COMITÉ DE DIRECTION RENCONTRE LE PLUS GROS CLIENT DANS UNE SEMAINE POUR FORMALISER L'ABANDON DE LEUR FINANCEMENT.

CELA VEUT DIRE QUE L'ON DOIT REDÉMARRER SUR UN NOUVEAU PROJET ?

NON, ELLE VEUT DIRE QUE NOUS ALLONS TOUS DEVOIR NOUS TROUVER UN NOUVEAU BOULOT.

ÉCOUTEZ MOI.

COMME JE VOUS L'AI DIT, NOUS AVONS ENCORE UNE SEMAINE AVANT QUE LES CHOSES NE SOIENT FORMALISÉES.

DONC, EN CE QUI CONCERNE LES AUTRES, NOUS TRAVAILLONS COMME AVANT.

MAIS COMME NOUS AVONS EU L'INFO UN PEU EN AVANCE, NOUS AVONS UNE SEMAINE POUR TROUVER UNE OPTION.

JE NE VOIS PAS COMMENT...

... J'AI UN EMPRUNT À PAYER ET UN BÉBÉ EN ROUTE.

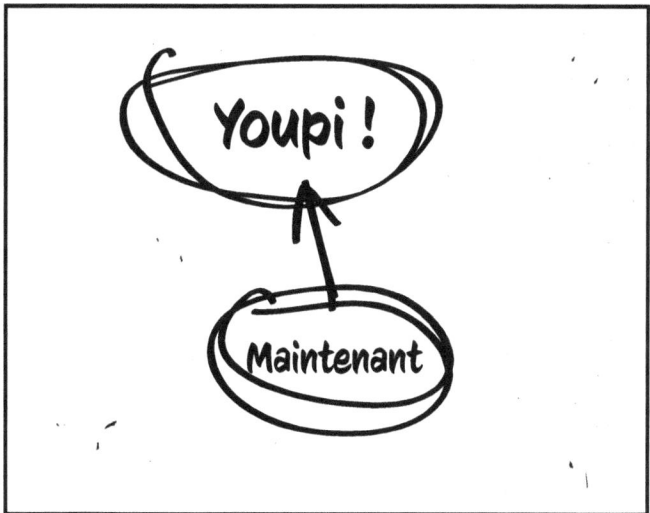

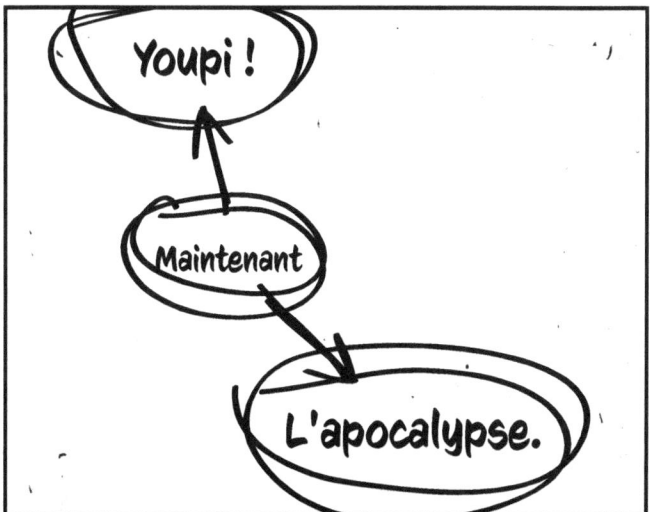

VOUS ÊTES REDÉPLOYÉS SUR D'AUTRES PROJETS --

-- DONC VOUS VOUDRIEZ PEUT ÊTRE CAPITALISER POUR LES AUTRES UNE PARTIE DU TRAVAIL QUE VOUS AVEZ FAIT.

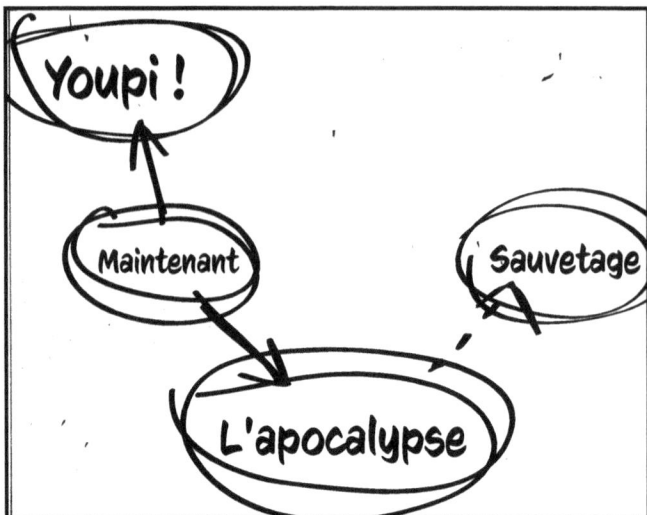

Youpi !

Maintenant

Sauvetage

L'apocalypse

OUI, MAIS JE PRÉFÉRERAIS ÊTRE LICENCIÉ --

-- QUE DE DEVOIR TRAVAILLER AVEC LES IDIOTS DU QUATRIÈME.

JE PENSE QUE L'ON PEUT TRAVAILLER SUR CETTE BASE LÀ.

COMMENÇONS PAR NOUS PRÉPARER À CHACUN DE CES SCÉNARIOS.

-- ET SI NOUS PENSONS À AUTRE CHOSE, NOUS LE TRAVAILLERONS AUSSI.

POUR LE SCÉNARIO DU LICENCIEMENT, METTONS À JOUR NOS CVS.

FAITES LES REVOIR PAR DES COLLÈGUES ET PARTAGEZ DES CONTACTS POUR TROUVER UN AUTRE JOB.

CHACUN DE VOUS DOIT CONSTRUIRE UNE DÉMARCHE DE RECHERCHE D'EMPLOI PLUTÔT QUE DE VOUS TROUVER SANS EMPLOI NI DIRECTION LE JOUR DIT, CE QUI VOUS FERAIT PERDRE UN TEMPS PRÉCIEUX.

POUR CEUX D'ENTRE VOUS QUI CONSIDÈRENT "UN LICENCIEMENT", VOUS DEVRIEZ PEUT ÊTRE CHERCHER COMMENT EST LE MARCHÉ DE L'EMPLOI AVANT DE PRENDRE LA DÉCISION DU LICENCIEMENT PLUTÔT QUE DE L'AUTRE OFFRE D'EMPLOI.

POUR LA STRATÉGIE DU REDÉPLOIEMENT, JE VAIS COMMENCER À PACKAGER LE TRAVAIL QUE L'ON POURRAIT UTILISER SUR D'AUTRES PROJETS.

JE VAIS AUSSI ALLER VÉRIFIER AVEC L'ÉQUIPE JURIDIQUE POUR VOIR CE QUI EST PERMIS ET CE QUI NE L'EST PAS.

SI CELA VA MAL, LE CODE SERA PEUT ÊTRE MIS HORS D'ACCÈS LÉGAL QUAND LES DEUX PARTIES COMMENCERONT À SE DISPUTER SUR QUI EN EST LE PROPRIÉTAIRE ET PERSONNE NE SERA ALORS AUTORISÉ À LE TOUCHER.

AVEC UN PEU DE TRAVAIL MAINTENANT, NOUS POURRONS L'UTILISER APRÈS QUE LE PROJET SOIT ANNULÉ.

Blobs

REVERIES ALEATOIRES - LILLY RANDALL

Articles recents :

Mars (3)

Fevrier (4)

Janvier (5)

Annee precedente - (54)

Augmentez vos performance de voyant avec la Planification par Scénarios

Est-ce que vous vous considérez comme un voyant ? Avoir la capacité de prévoir le futur veut dire que vous n'avez plus à essayer de deviner ce qui va se passer. Vous pouvez faire des prédictions en sachant que votre imagination va toujours rejoindre la réalité.

La plupart d'entre nous ont expérimenté des situations où la situation que nous avions soigneusement anticipée s'est avérée être en réalité radicalement différente de ce que nous avions imaginé. Cela se produit plusieurs fois par jour. Nous vivons cette expérience sans cesse.

Quand nous pensons, planifions et imaginons beaucoup, la réalité ne s'aligne presque jamais avec notre imagination. Malheureusement, quand cela se produit nous ne sommes pas préparés. Notre poursuite d'un monde parfait nous laisse démunis face au monde que nous ne souhaitons pas. Comment éviter cette douloureuse situation ? Par la planification par scénarios.

Planification par scénarios

La planification par scénario est une autre expression des options réelles. Comme beaucoup de processus de conception à base d'ensembles et de reports de l'engagement, elle est arrivée de nombreuses, nombreuses années avant les options réelles.

La planification par scénario a été popularisée pour la première fois par le livre de Peter Senge, "La cinquième discipline". Dans le livre, Peter décrit comment Shell (sous l'impulsion de Arie De Geus, responsable du Groupe de Planification Stratégique) crée un nombre de Scénarios qui sont alors diffusés à l'organisation entière. L'organisation complète peut alors réfléchir à la réponse à apporter à ces Scénarios.

Tous ces scénarios ne vont pas se réaliser. Avoir ces scénarios permet à Shell de se préparer aux mondes qu'ils souhaitent et aux mondes qu'ils ne souhaitent pas. Et pour cette préparation, ils peuvent avoir besoin d'options.

Se préparer pour le possible
Les scenarios sont des évènements massifs, à l'échelle planétaire, qui pourraient secouer les fondements mêmes de Shell, et le détruire s'ils ne se préparaient pas. Des Scénarios comme « Une troisième guerre mondiale éclate » ou « Le baril monte à $1000 » ou « Les réserves de pétrole sont épuisées » ont un effet énorme sur une grosse compagnie pétrolière.

Ces scénarios ont eu comme intéressant effet de bord que l'organisation a commencé à communiquer et collaborer d'une façon qui n'existait pas auparavant. La création de scénarios de gestions des risques a des effets bénéfiques immédiats au-delà d'une simple meilleure préparation à un futur possible.

Etendre l'Analyse par Scénarios
Ce type d'Analyse par Scénarios (ou gestion du risqué) peut être appliqué à n'importe quelle échelle. De l'individu, à l'entreprise, et finalement à l'échelle globale. De « Je veux être un joueur de foot » à « Les courants de l'Atlantique s'éteignent et causent une Ere Glacière ».
Cela ne serait-il pas fabuleux si chaque enfant de chaque école du monde imaginait un monde où une Ere Glacière se produisait ? Si tout le monde parlait d'une même chose ? Imaginez la collaboration que cela engendrerait.

Améliorez votre capacité de prévoir l'avenir
Parlez en autour de vous, renseignez vous. Soyez honnête et dites si vous vous préparez souvent pour un seul futur ? Inspectez les plans et les budgets d'une compagnie : pour combien de futurs sont-ils préparés ?
Ne pariez pas sur un seul futur ! Préparez de multiples futurs possibles et mettez en place vos options pour chacun. Vous venez d'augmenter votre capacité de prévoir l'avenir !

Articles recents :

Mars (3)

Fevrier (4)

Janvier (5)

Annee precedente - (54)

MAINTENANT QUE NOS SCÉNARIOS PERSONNELS SONT TRAITÉS, CONCENTRONS NOUS SUR LA RÉSOLUTION DU PROBLÈME DU PROJET, ET VOYONS CE QUE NOUS POUVONS FAIRE PENDANT LE TEMPS QUE NOUS AVONS.

C'EST UNE SITUATION ASSEZ DIFFICILE, MAIS JE PENSE QU'ELLE SERAIT PIRE SANS LES OPTIONS RÉELLES QUE NOUS CRÉONS.

SANS ELLES, L'INCERTITUDE ME TUERAIT.

J'AI MÊME ENVISAGÉ DE CONSULTER UNE VOYANTE.

OUI, QUAND CA M'EST ARRIVÉ LA DERNIÈRE FOIS, LE PROJET ENTIER S'EST GELÉ.

NOUS PENSONS PLUS EN TERME D'OPTIONS ET REPOUSSONS LES ENGAGEMENTS TANT QU'IL EST POSSIBLE DE LE FAIRE, ET RASSEMBLONS DE L'INFORMATION PENDANT QUE NOUS FAISONS CELA.

J'AI L'IMPRESSION QUE NOUS SOMMES DANS UN TERRITOIRE INEXPLORÉ, OÙ NOUS UTILISONS PLUS LES PRINCIPES QUE LES PRATIQUES.

OUI, ET JE PENSE QUE NOUS COMMENÇONS AUSSI À LES INTERNALISER.

TOUT CE QUE JE REGARDE RESSEMBLE MAINTENANT À UNE OPTION OU A UN ENGAGEMENT.

ET POUR TOUT ENGAGEMENT, NOUS CHERCHONS DES OPTIONS POUR LE RENDRE RÉVERSIBLE.

PAS MAL, PETITE SOEUR...

... TU AS PARLÉ COMME UN MAÎTRE.

SI JE COMPRENDS BIEN, VOUS VOULEZ ANNULER CE PROJET PARCE QUE VOUS ÊTES INQUIETS DU RISQUE DE SON IMPLÉMENTATION.

C'EST TOUT SIMPLEMENT TROP POUR NOUS.

UNE PANNE SÉRIEUSE POURRAIT AVOIR UN IMPACT DÉSASTREUX SUR NOS AFFAIRES.

C'EST COMPRÉHENSIBLE.

J'AI PRÉPARÉ UNE ANALYSE DE RISQUE QUI CONSISTE EN PLUSIEURS SCÉNARIOS.

OK, MAIS VOUS AVEZ PEU DE CHANCES DE NOUS CONVAINCRE.

JE VAIS EXPLIQUER NOTRE APPROCHE DU RISQUE D'IMPLÉMENTATION DANS UN MOMENT, MAIS LE PREMIER SCÉNARIO QUE VOUS DEVEZ CONSIDÉRÉ EST APPELÉ "ANNULER LE PROJET".

C'EST EXACTEMENT POUR CELA QUE NOUS SOMMES LÀ.

191

IMAGINEZ QUE VOTRE BASE DE DONNÉES AVEC LES DÉTAILS DES CARTES DE CRÉDIT DE VOS CLIENTS SOIT PIRATÉE.

C'EST SIMPLE. MES GENS ARRÊTENT LE SYSTÈME COMPLÈTEMENT JUSQU'À CE QUE NOUS RÉSOLVIONS LE PROBLÈME.

COMMENT EST-CE QUE L'OPÉRATEUR DE LA BASE DE DONNÉE SAIT QUE C'EST LA RÈGLE ?

SI CELA DOIT TRAVERSER LA CHAÎNE DE COMMANDEMENT JUSQU'AU SOMMET, DU TEMPS IMPORTANT AURA ÉTÉ PERDU.

ENCORE PIRE, QUELQU'UN POURRAIT PRENDRE UNE AUTRE DÉCISION SUR LE COMPORTEMENT À TENIR.

COMME D'ESSAYER DE RÉPARER TOUT EN CONSERVANT LE SYSTÈME ACTIF POUR ASSURER LE SERVICE AU CLIENT, EN LES LAISSANT VULNÉRABLES EN MÊME TEMPS.

OK. VOUS AVEZ DEUX JOURS.

JE VEUX REVENIR ET ÉTUDIER CES SCÉNARIOS.

COMMENT POUVONS NOUS VOUS APPELER SI NOUS AVONS DES QUESTIONS ?

NOUS NE VOULONS PAS RETARDER CELA PLUS QUE NÉCESSAIRE.

194

SALUT, J'AI ENTENDU LES BONNES NOUVELLES.

EH BIEN...

NOUS AVONS DEUX JOURS.

C'EST MIEUX QUE RIEN.

CELA VEUT DIRE QUE TU PEUX TE DÉTENDRE POUR DEUX JOURS.

YOUPI !

JE DOIS PENSER À ME DÉTENDRE.

CELA TE DONNE L'OPPORTUNITÉ D'ALLER AU CINÉMA.

C'EST DOMMAGE DE NE PAS EN PROFITER. C'EST EN BAS DE CHEZ TOI.

EUH... JE NE SUIS PAS EN GÉNÉRAL TRÈS BONNE POUR CE GENRE DE CHOSE --

-- MAIS EST-CE QUE TU ES EN TRAIN D'ESSAYER DE SORTIR AVEC MOI ?

NON, NON. RIEN DE TOUT ÇA...

SI JE VOULAIS SORTIR AVEC TOI, JE SUGGÉRERAIS UN DÎNER.

... OK, ALORS...

IL Y A QUELQUES ENDROITS OÙ MANGER PRÈS DE CHEZ TOI.

DES RECOMMANDATIONS ?

195

SI LE PROJET EST ANNULÉ, CELA N'A RIEN À VOIR AVEC TOI.

TU AS ACCOMPLI DE GRANDES CHOSES DEPUIS QUE TU L'AS RÉCUPÉRÉ.

TU EN RETIRERAS QUELQUE CHOSE BIENTÔT.

MAIS POUR ÊTRE HONNÊTE, JE NE SUIS PAS INQUIÈTE POUR ÇA.

PEUT-ÊTRE.

JE SUIS INQUIÈTE À L'IDÉE D'ÉCHOUER, PAS À CELLE D'ÊTRE AU CHÔMAGE.

AVANT, JE PANIQUAIS À L'IDÉE DE NE PAS TRAVAILLER...

... MAIS DEPUIS QUE J'APPLIQUE CETTE APPROCHE DES OPTIONS RÉELLES AUX CHOSES ...

... JE SUIS PLUS DÉTENDUE SUR LES CHOSES.

C'EST BIEN D'ÊTRE POSITIVE.

EH BIEN, J'AI DES ÉCONOMIES.

ET SI LES CHOSES TOURNENT VRAIMENT MAL, JE PEUX TOUJOURS FAIRE DES SPECTACLES DE RUE.

DE RUE ? TU CHANTES ?

PAS VRAIMENT. JE PEUX JOUER DU PIANO.

JE LE FAISAIS BEAUCOUP À LA FAC.

OH, JE DOIS ABSOLUMENT ENTENDRE ÇA.

NON, NON. ÇA FAIT DES LUSTRES QUE JE N'AI PAS JOUÉ DEVANT QUELQU'UN.

CE N'EST PAS UNE EXCUSE. D'AILLEURS, TU AURAS PEUT-ÊTRE BESOIN D'ENTRAÎNEMENT.

NON, VRAIMENT. CE N'EST PAS UNE BONNE IDÉE.

PUIS-JE AVOIR L'ADDITION S'IL VOUS PLAÎT ?

OK. OK.

MERCI.

TKK

NOUS AVONS UNE DATE !

LE PROJET VIENT JUSTE D'ÊTRE RE-LANCÉ !

EST-CE QU'ON FAIT LA FÊTE MAINTENANT ?

NOUS FERONS LA FÊTE QUAND NOUS AURONS FINI.

RABAT JOIE.

JE VAIS ALLER CHECHER DES CAFÉS, PEUT ÊTRE UN GATEAU OU DIX, NOUS POURRONS NOUS DETENDRE.

... MAIS CE N'EST PAS ENCORE LA FÊTE.

OK.

DÉTERMINE CE QUE VEULENT LES GENS. J'IRAI RÉPANDRE LES BONNES NOUVELLES.

PUIS-JE AVOIR VOTRE ATTENTION S'IL VOUS PLAÎT --

-- JE SUIS DÉSOLÉ D'INTERROMPRE VOTRE FÊTE, MAIS NOUS AVONS UNE ANNONCE A FAIRE.

QUE SE PASSE-T-IL ?

JE SUIS NAVRÉ DE DIRE QU'A LA REQUÊTE DU CLIENT, ROSE A ÉTÉ VIRÉE DU PROJET.

QUOI.

JE SUIS DÉSOLÉ, MAIS C'ÉTAIT LA SEULE FAÇON DE POUVOIR VOUS DONNER UNE PROMOTION AFIN DE DIRIGER NOTRE PROCHAIN PROGRAMME.

JE NE COMPRENDS PAS...

ECOUTEZ MOI, LEVEZ VOS VERRES À ROSE...

.. NOTRE NOUVELLE VICE-PRÉSIDENT !

EPILOGUE

TU DEVRAIS PRENDRE QUELQUE CHOSE DE VERT POUR METTRE EN AVANT TON BEAU TEIN.

JE NE VAIS PAS LÀ-BAS POUR BRONSER

NE T'EN FAIT PAS CECI DEVRIENDRA NATUREL.

LES GENS VONT SE RETOURNER POUR TE REGARDER.

TU VEUX DIRE QU'ILS NE SE RETOURNENT PAS DÉJÀ.

WHAOOOO, REGARDE TOI ! UN TOUT PETIT CHANGEMENT RÉUSSI ET TE VOILA UNE DIVA.

HA...

C'EST BON DE TOI VOIR PLUS EN CONFIANCE. TU EN ES D'AUTANT PLUS OUVERTE.

JE VOIS. C'ES FOU COMME TU AS CHANGÉ EN QUELQUES MOIS.

... J'ESSAIE ...

JE PENSE QUE LES GENS AIMERAIT AVOIR UN RETOUR D'EXPERIENC SUR TON AVENTURE.

VRAIMENT ?

HOW MUCH TLC CAN YOU HANDLE?! THE LEARNING CANTINA EUROPEAN -EXPO 09-11th Ma

211

BIEN, OÙ COMMENCER ?

215

LA FIN

(POUR L'INSTANT)

Postface

Wow *!* Quelle aventure *!* Ce qui a démarré comme un bref coup d'oeil à la bibliothèque d'un ami en Août 2004 est devenu ce que vous venez de lire presque neufs ans plus tard. Si vous voulez connaître le détail de la chaîne d'évènements, n'hésitez pas à nous le demander quand on se rencontrera.

Vous avez lu le livre jusqu'à la fin. Nous espérons que vous l'avez apprécié autant que nous avons apprécié de le créer. Si vous avez des questions ou des commentaires, nous serons ravis de les entendre. Envoyez les s'il vous plait à info@commitment-thebook.com.

Pour des suppléments, rendez visite à notre site web de support à http://commitment-thebook.com/support.

Chaque version du livre a son numéro de version sur le devant. Les modifications ou mises à jour futures sont listées au : http://commitment-thebook.com/updates.

Sur les auteurs

Olav Maassen est directeur général, EMEA a VersionOne et a plus de dix ans d'expérence, travaillant essentiellement pour des institutions financières.

Suivez Olav sur Twitter : @OlavMaassen

Chris Matts est un consultant spécialisé dans le développement de systèmes de gestion de risque et de transactions financières pour des banques d'investissement.

Suivez Chris sur Twitter : @PapaChrisMatts

Chris Geary, basé à Londres, est un artiste graphique expérimenté. Il a étudié au London Cartoon Centre, principalement sous le tutorat de David Lloyd.

Suivez Chris sur Twitter : @ChrisAGeary

Remerciements

Cela nous amène à remercier tous ceux qui nous ont soutenu et / ou qui ont souffert à cause de nous en créant ce livre.

D'abord, nous aimerions remercier tous nos sponsors qui nous ont soutenu pour la création du livre en crowdfunding : Pollyanna Pixton, Sue McKinney, Jurgen Maassen, Leny Verhage, Yves Hanoulle, Torbjorn Gyllebring, Ola Ellnestam, Gabrielle Benefield, Cesar Idrovo Carrillo, Hakan Forss, Laurens Bonnema, Graham Oakes, Kent McDonald, Simon Kirk, Robert Holler, Pieter Rijken, Steven List, Julie Chickering, Christopher Avery, Jenni Jepsen, Norbert Winklareth, Niel Nickolaisen, Ketil Jensen, John McFadyen, Nils Christian Haugen, Kingsley Hendrickse, Andreas Larsson, John Connolly, Nicholas Coutts, Nick Scott, Christian Blunden, J.B. Rainsberger, Nick de Voil, Darren Hobbs, Jeffrey Anderson, Todd Little, Yann Picard de Muller, Aki Salmi, Andrew Turner, Jasper Sonnevelt, Kristian Haugaard, Liz Keogh and Jon Terry. Vous nous avons tous donné le petit coup de pouce au début dont nous avions besoin.

Ensuite, nous avons une immense gratitude envers l'implication que les traducteurs ont mise dans leur travail. Pendant que nous écrivions le livre, ces personnes ont simultanément lu tous les mots et les ont traduits : Erwin van der Koogh, Jan De Baere, Jade de Baere, Olaf Lewitz, Michael Leber, Mads Troels Hansen, Hans Haller Baggesen, Kjell Lauren, Henrik Taubert, Jari Mäkelä, Tonje Skoenberg, Johannes Brodwall, Jaume Jornet Rivas, Toni Tassani, Alejandro Scandroli, Fermin Saez, Claudio Perrone, Antonio Lucca, Franck Depierre, Pierre Fauvel, Catia Oliveira, Oana Juncu, Flavius Stef, Ivana Gancheva, Dimitar Bakardzhiev, Marcin Sanecki, Marcin Floryan, Zsolt Fabok, Gaspar Nagy, Alexei Zheglov, Sergey Kotlov, Elad Sofer.

Nous voudrions aussi remercier les personnes suivantes pour avoir fourni des retours de très grande valeur, parfois incisifs et qui ont permis de vraiment améliorer ce livre : tous les traducteurs (à nouveau), Linda van de Burgwal, Mary Gorman, Jarl Meijer, Geert Bossuyt, Luke Hohmann, César Idrovo Carrillo (à nouveau), Jurgent Maassen (à nouveau), Will Britton, Douglas Squirrel, et tous les autres qui nous ont transmis leurs retours.

Olav Maassen :
Merci Ingird, Niels et Britt pour la compréhension et le support tout au long de ce projet et merci à Ingrid d'être ma partenaire dans ce voyage qu'on appelle la vie.

Chris Matts :
A Mr P pour tout l'amour et le support.
Et à ma mère et mon père bien sûr, même s'ils ne savent toujours pas ce que je fais pour gagner ma vie.

Chris Geary :
Des remerciements particuliers à tous pour votre support toutes ces années.

Bibliographie

Anderson, D.J. (2010). Kanban. Sequim: Blue Hole Press

Barlow, S., Parry, S. & Faulkner, M. (2005). Sense and Respond. New York: Palgrave Macmillan

Brooks, F. P. (1975). Le Mythical Man-Month. Boston: Addison Wesley Longman

Chambris, C. & D. Simons (2010). Le gorille invisible. London: HarperCollins Éditeurs

Constantine, L.L. (2001). Les documents Peopleware. Upper Saddle River: Yourdon presse

Covey, S.R. (1989). Les sept habitudes des gens très efficaces. New York: Simon & Schuster

DeMarco, T. (2002). Slack. New York: Broadway

DeMarco, T. & Lister, T. (2003). Waltzing with Bears. New York: Dorset House Édition

Federman, M. & De Kerckhove, D. (2003). McLuhan pour les gestionnaires. Toronto: Viking Canada

Fields, J. (2011). L'incertitude. New York: Penguin Group

Gerstein, M. & Ellsberg, M. (2008). Flirter avec les embrouilles. New York: Union Square Press

Gilbert, D. (2005). Trébucher sur le bonheur. New York: Vintage Books

Gladwell, M. (2005). Blink. New York: Little, Brown and Company

Goldratt, e., Cox, J. (1986). Le but. New York: North River Press

Hammond, J.S., Keeney, R.L. & Raiffa, H. (1999). Smart Choices. Boston: Harvard Business School Press

Harford, T. (2011). Adapt. London: Little, Brown

Heath, D. & Heath, C. (2007). Made to Stick. Pourquoi certaines idées survivent et d'autres meurent. New York: Random House

Hull, J. (1997). Options, Futures et autres dérivés. Upper Saddle River: Pearson Education

Iyengar, S. (2010). L'art de choisir. London: Little, Brown and Company

MacKenzie, G. (1996). En orbite autour de la géante boules de poils. New York: Penguin Group

Mlodinow, L. (2008). La marche de l'ivrogne, Comment aléatoire Règles de nos vies. New York: Vintage Books

Pixton, P., Nickolaisen, N. Little, T. & McDonald, K. (2009). Reculez et transmettre. Boston: Addison Wesley

Plous, S. (1993). La psychologie du jugement et la décision. New York: McGraw-Hill

Reinertsen, D. (1997). Gestion de la fabrique. New York: The Free Press

Schelling, T.C. (1960). Strategy of Conflict. Cambridge: Harvard University

Schwartz, B. (2004). The Paradox of Choice: Pourquoi davantage avec moins. New York: HarperCollins Publishers

Schwartz, B. & Sharpe, K. (2010). Sagesse Pratique: La bonne façon de faire la bonne chose. New York: Riverhead Books

Senge, P. (1990). La cinquième discipline. Milsons Point: Random House Australia

Smith, P.G. & Reinertsen, D.G. (1998). Le développement de produits à la moitié du temps, 2e éd. New York: John Wiley & Sons, Inc.

Taleb, N.N. (2007). Black Swan. New York: Random House

Taleb, N.N. (2004). Berner par hasard. New York: Random House

Thaler, R.H. & Sunstein, C.R. (2008). Nudge. London: Penguin Group

Yourdon, E. (1997). Décès Mars. New Jersey: Prentice Hall Inc.

Watanabe, K (2009). Problem Solving 101: Un livre simple pour Smart People. New York: Penguin Group

Zimbardo, Ph. & Boyd, J. (2008). Le paradoxe de l'heure. New York: Free Press

Bibliographie sur la forme

Abel, J. & Madden, M. (2008). Dessin mots et l'écriture Pictures. New York: First Second

Kawasaki, G. & Welch, S. (2013). APE: auteur, éditeur, Entrepeneur - Comment faire pour publier un livre. Nononina presse

McCloud, S. (1993). Faire Comics: Les secrets de contes de Comics, Manga et romans graphiques. New York: William Morrow Paperbacks

McCloud, S. (2000). Réinventer Comics: comment l'imagination et de la technologie révolutionnent une forme d'art. New York: William Morrow Paperbacks

McCloud, S. (1993). Comprendre Comics: l'Art Invisible. New York: HarperPerennial

McKee, R. (1997). Story. New York: HarperCollins

Vogler, C. (1998). Le voyage de l'écrivain: Structure Mythic pour les écrivains. Studio City: Michael Wiese Productionsns